Gufmad 2

Italienske og amerikanske favoritter

Lars Axelsen

GUFMAD 2
Italienske og amerikanske favoritter

FSC
www.fsc.org
MIX
Papir fra
ansvarlige kilder
Paper from
responsible sources
FSC® C105338

Redaktion: Lars Axelsen

Korrekturlæsning: Ib Axelsen & Jørg Ehrhardt

Fotografier & grafik: Lars Axelsen

Billeder: AI-genereret med ChatGPT, der bruger DALL·E3

Forlag: BoD – Books on Demand, Hellerup, Danmark

Tryk: BoD – Books on Demand, Norderstedt, Tyskland

ISBN: 978-87-4305-835-9

Indholdsfortegnelse

1. Indledning

1.1. Hvorfor denne bog?

Dens primære mål er at ***gøre det nemmere for amatører at lave god mad***:

- Bogen skal give *viden* om disse retter, så der er både lidt teori og lidt teknik med.
- Retterne er *relevante*, for de repræsenterer nogle af de mest populære retter.
- I bogen viser jeg, hvor *udfordringerne* er i opskrifterne, og hvordan de kan omgås med teknik, små tricks eller blot imødekommes bedre, så amatøren ikke behøver at have erfaring og intuition som en professionel kok. Bogen viser oftest mellemregningerne i opskrifterne.
- Bogen skal *motivere* læseren til at få lyst til at lave bedre mad. Dette sker ved at dele rejsehistorier og restaurantbesøg bag de opskrifter, som kommer senere i bogen, og ved at vise, hvor relativt nemt man selv kan lave dem.
- Jeg ønsker at *inspirere* læserne til at prøve disse retter, da det med den rette viden og teknik slet ikke er så svært at komme op over et middelmådigt niveau og lave god mad. Jeg deler også en masse restauranter med links til deres præcise placering på Google Maps, som man kan besøge, hvis man kommer til området.

1.2. Hvad er gufmad?

Denne bog handler om, hvad jeg mener er gufmad. For mig er gufmad de retter, som smager ekstra godt, som frembringer positive minder om hygge, og som gerne har en historie eller anekdote med sig. Det er både mad, hvor man kigger på sin kammerat eller veninde og siger "det er dæleme gufmad det her!", og mad, hvor man mindes specielle situationer fra såvel barndom som voksenliv – dvs. det er retter, der har en speciel betydning for en selv. Gufmad er for mig ikke fin gourmetmad, trøstemad eller livretter.

Med denne som bog nummer to i serien har jeg nu skiftet fokus fra familiefavoritter til at se på både kendte og måske mindre kendte italienske og amerikanske favoritter med pasta, pizza, barbecue, burgere og Tex-Mex-retter. Det er saftsuseme også gufmad og faktisk meget nemmere at lave godt, end du måske lige tror. Jeg tager for givet, at fundamentet om smagsforståelse og teknik i køkkenet fra første bog er på plads hos læseren.

For at sigte højt i denne bog viser jeg retter fra nogle af de bedste restauranter i verden for de italienske favoritter, så man kan sammenligne sig selv med dem og blive inspireret. Hvis vi ikke ved, hvad "virkelig godt" eller "verdensklasse" er, hvordan kan vi så selv sigte højt?

Når du f.eks. ser en lækker pizza fra et de allerbedste steder i verden, så vil du meget bedre kunne se, hvor middelmådige de fleste danske pizzeriaers pizzaer egentligt er, og hvor nemt de vil være for dig at overgå – selv som amatør. Du skal bare lige have den rigtige viden og lidt øvelse.

Og husk på, at vi ikke prøver på at skulle lave samtlige retter fra f.eks. det italienske køkken, men blot laver tre specielt udvalgte pastaretter, og vi skal ikke kunne lave dem perfekt hver eneste aften, under tidspres og med krævende kunder, som en restaurant skal kunne. Vi har en klar hjemmebanefordel, hvor vi har tid nok til både at øve os, planlægge en middag og til at kokkerere.

Du kan sagtens selv!

Billede 01: ChatGPT "Generate an image of an amateur cook who makes pasta dishes, pizza, barbecue ribs, burgers and enchiladas at the same time"

1.3. Du kan sagtens selv! – der er jo ikke en hær af mesterkokke alle steder...

Mens jeg har arbejdet med at lære at lave pasta, pizza, amerikansk barbecue og mexicansk mad, så slog det mig, at flertallet af "udenlandske" spisesteder i Danmark nok ikke er specielt gode i forhold til deres hjemlands standard, og de er slet ikke på højde med de bedre steder i hjemlandet.

Hvor mange italienske, kinesiske og mexicanske mesterkokke fra Rom, Napoli, Beijing, Singapore og Mexico City har lige stået og tænkt: "Jeg smutter sørme da lige til udkantsdanmark og gør stor karriere hos en lille restaurant i provinsen fremfor at tage til en fin gourmet-restaurant i London, Paris, New York eller Los Angeles!"?

Der vil naturligvis altid være nogle få dygtige kokke fra udlandet, som tager til storbyer i stil med København eller Aarhus, og der kan endda være nogle enkelte, som bare tilfældigt ender op i provinsen pga. kærlighed eller af anden grund. Eller der er tilfælde, hvor det er dygtige danske kokke, som har været i udlandet for at lære nyt og har en brændende passion for et specielt lands køkken. Vi har f.eks. gennem tiden set det franske gourmet-køkken blomstre i Danmark, og siden er nyt nordisk køkken blevet udviklet af berømte steder som Noma og Geranium. Men mon det er fuldt uddannede pizzaioloer, som er på pizzeriaerne eller i de italienske restauranter? Er det mon uddannede japanske *itamae* sushi-kokke, som står henne bag disken med take-away?

Min pointe er blot den, at flertallet af italienske restauranter, pizzeriaer, kinesiske restauranter, barbecuerestauranter og mexicanske restauranter nok ikke har mesterkokke ansat, men det er nok primært "bare" middelmådige kokke. Hvis en nyuddannet dansk kok tog til USA og åbnede en cafe med dansk mad – f.eks. smørrebrød og klassiske danske retter, så ville maden formodentligt virke spændende og delikat for de amerikanske gæster, og kokkens specifikke viden om tilberedning og kulturelle erfaring ville også gøre maden bedre og mere autentisk, end de fleste amerikanske kokke ville kunne gøre. Men det gør på ingen måde kokken til en mesterkok af dansk mad.

Så jeg vil derfor vove den påstand, at hvis man brænder nok for det og søger viden, så kan man sagtens selv lære at lave pasta, pizza, barbecue, burgere, mexicansk m.m., som vil kunne blive bedre end de samme retter hos de fleste restauranter i ens lokalområde.

Dette bekræftes jeg i både fra mine egne kreationer, og når jeg på Facebook-grupper som f.eks. "Pizza Club Nordic" ser billeder fra ligesindede danske pizzanørder af deres kreationer (som ofte blæser mine ud af vandet).

Der er desuden utroligt mange medlemmer af grupperne, som laver ganske flotte pizzaer, der fuldt ud er på niveau med dem, som man får i de fleste pizzeriaer. De sidste par år er der også kommet utroligt meget pizzaudstyr til salg i alle danske varehuse som Bilka, Føtex, jem & fix, Harald Nyborg og Silvan. En pizzaovn på gas er blevet utrolig billig og har i de nyeste modeller en roterende sten, som gør det endnu nemmere at opnå en jævnfordelt bagning. Dyre elektriske pizzaovne til brug indendørs er også blevet udfordret med billige mindre ovne ned til 1.000 kr. fremfor 7.000+ kr.

Fotografi 01: Hjemmelavet napolitansk pizza bagt i pizzaovn på gas.

Pastaretterne i denne bog er faktisk ret simple, for det handler mere om at have de rigtige og gode råvarer samt lidt teknik, som man enten hurtigt kan lære eller omgå med moderne teknologi.

Burgere kan også nemt laves i samme eller bedre kvalitet end både hos burgerkæderne og ved de lokale grillbarer. Der er blot nogle tricks, som man skal kende for at lykkes med det, hvilke jeg deler i denne bog. Og så er der tonsvis af inspiration at hente fra nogle bøger om burgere, jeg anbefaler.

Amerikansk barbecue er ikke så udbredt i Danmark, men man kan da få nogle grillede spareribs hos flere "ben"-restaurantkæder og på steak-huse. Deres ben smager desværre ikke meget af røg, så de er nok tilberedt med sous vide for at gøre dem møre og så grillet lidt til sidst med barbecuesauce på for at give smag. De er skam gode nok, men ikke ret autentiske og ikke lavet rigtigt som i USA. Vi kan selv lære at lave ægte ribs og andre retter bedre på selv en kulgrill.

Tex-Mex er heller ikke så udbredt her i landet, og de få dedikerede steder, som eksisterer, er ofte drevet af entusiaster for dette specielle køkken eller af personer med mexicansk baggrund. Det er dog muligt selv at lære at lave god nok Tex-Mex-mad, til når man ikke kan eller vil tage på restaurant. De mange caféer og restauranter, som blot har tilføjet lidt Tex-Mex-mad i form af chili con carne eller nachos med salsa og smeltet ost, er derimod nemme at matche og overgå i kvalitet.

I denne bog starter vi med at se på **italienske favoritter** – pasta og pizza, og hvordan disse retter er på nogle af de bedste eller mest berømte steder. Der er tre pastaretter, som vi fokuserer på at genskabe. De er *pasta all'Alfredo*, *pasta alla bolognese* og *pasta alla carbonara*. Derefter ser vi på italienske pizzastile med fokus på Napoli og Rom. Her arbejder vi på at genskabe tre forskellige stile af pizza. De er *pizza romana tonda*, *pizza napolitana* og *pizza romana al taglio*.

Derefter ser vi på **amerikanske favoritter** – barbecue, burgere og Tex-Mex. Vi ser på at genskabe barbecueretter, der er tilberedt *low and slow* med varm røg. Jeg fokuserer på gris i form af mørbrad, nakkefilet og spareribs. Derefter ser vi på at genskabe de to primære typer af burgere – nemlig smashburgeren og steakhouseburgeren. Endelig ser jeg på en sammensat ret fra grænseområdet mellem Texas og Mexico, hvor jeg genskaber *enchiladas* med ris og bønnemos.

Italienske favoritter

Billede 02: ChatGPT "Generate an image of a lunch table with dishes, wine and rustic plates, placed in the garden of an old house in Tuscany in Italy, with fields and olive trees in the background"

2. Italienske favoritter – minimal indsats, maksimal tilfredsstillelse!

Gino D'Acampo har mottoet "Minimal effort, maximum satisfaction!" om italiensk mad. Hvis blot du bruger gode råvarer, så får du fortræffelig smag uden at have en kompleks ret. Gino er en kendt italiensk tv-kok, som har lavet flere underholdende tv-serier, f.eks. "Gino's Italien Escape" og "Gino's Italy", hvor han rejser rundt i Italien for at lære om regionernes retter og lave nogle af dem. Den første serie har tidligere været vist på DR i Danmark. Han har også lavet en morsom serie af mad- og rejseprogrammer sammen med den britiske celebritet- og Michelinkok Gordon Ramsay og den franske Maître d'hôtel tv-kendis Fred Sirieix kaldet "Gordon, Gino og Fred på tur", der har været vist på TV2, og som for tiden er tilgængelig på streamingtjenesten Max.

Hvis du tager dette motto til dig, så gør det en verden til forskel for dine italienske retter. Som ung på kollegium brugte jeg uvidende mange krydderier inklusiv paprika, oregano, timian, basilikum samt stærk og sød chili i min kødsauce til pasta for at opnå smag. I min nuværende "autentiske" *ragù bolognese* er der kun salt og peber samt gode råvarer og grøntsagerne fra en *soffritto*, men mere om det under "pasta" her i bogen.

Det er i mine øjne utroligt, hvor god mad man kan få i det italienske køkken og oftest blot med ganske få ingredienser, som Gino siger. Det er derfor vigtigt at sikre gode råvarer, for bruger du f.eks. en dårlig rå tomatsauce (kaldet *passata* på italiensk), vil din ret nemt smage middelmådigt. Bruger du derimod en god passata, så kan man, f.eks. med blot lidt hvidløg og løg stegt i olivenolie og kogt med tomatsaucen, få lavet en superlækker og smagfuld (kødfri) pastasauce (kaldet *sugo* på italiensk) på under den tid, spaghettien koger.

Producenten "Mutti" laver forskellige passataer – den almindelige, som nemt kan skaffes i Danmark, samt tre specielle, som jeg har fundet hos Citti Markt i Flensborg syd for grænsen, med forskellige tomatsorter fra hhv. de italienske regioner Toscana, Emilia-Romagna og Puglia.

Der findes mange tilsvarende gode i de danske supermarkeder og specialbutikker, men hold lidt igen med at anvende de billige passataer og dåsetomater fra f.eks. Netto eller Rema 1000. De er gode nok til f.eks. en gryderet, hvor krydderierne primært giver smagen, men ikke til italiensk mad som pasta og pizza, hvor tomat er en meget vigtig del af smagen. Her er det helt o.k. at betale ekstra for god kvalitet.

Det samme gælder for osten. Der er en verden til forskel i at bruge frisk mozzarella i forhold til det kemiske misfoster af en gummiost med antiklumpningsmiddel, de kalder "revet mozzarella" i supermarkederne. Det svarer næsten til, at man fik fynsk rygeost som skæreost og uden røgsmag.

Den friske mozzarella, som vi typisk kan finde på hylderne i supermarkederne, er mere væskefyldt og burde egentlig kaldes "*mozzarella fior di latte*" (er lavet på komælk). Man kan nogle gange også finde "rigtig" mozzarella på hylderne. Denne er "*mozzarella di latte di bufala*" (mozzarella lavet på italiensk bøffelmælk), hvilket er en endnu mere fyldig ost med et større fedtindhold og en lækker cremethed. Den har dog en højere pris, typisk helt op til tredobbelt pris.

Man kan også anskaffe sig en ret dyr fedt- og vandreduceret mozzarella[1], hvilket gør det nemmere at rive den selv til f.eks. de amerikanske pizzastile, og det gør også, at den frigiver meget mindre væske på f.eks. en napolitansk pizza lavet i hjemmeovnen, der typisk bages længere end i en rigtig

---

[1] https://www.bilkatogo.dk/produkt/galbani-mozzarella-19-fedt/61070/

pizzaovn. Jeg køber selv ofte en anden og noget billigere hos Citti Markt i Flensborg til ca. 10 euro for et stort stykke på et helt kilo, når jeg er over grænsen. Det skærer jeg så i mindre stykker og strimler til forskellig anvendelse for at fryse dem ned i små portioner – det virker skam fint, og de små portioner gør, at de optør ret hurtigt.

Fotografi 02: Udvalg af oste fra Italien, samt en lagret Gouda fra Holland.

I "gamle" dage havde vi bræklugtende parmesanost (pga. antiklumpningsmiddel) i små bøtter, der var til at drysse det ud med over spaghetti med millionbøf. Siden har Italiens osteproducenter i regionerne Emilia-Romagna og Lazio gennem EU opnået at få navne- og oprindelsesbeskyttelse

(DOP/PDO) på deres berømte oste[2], så de skal være fra regionen for at måtte kaldes de forskellige navne.

Mest berømt er den ægte parmesan, der hedder *Parmigiano Reggiano*[3]. Den laves på komælk og er opkaldt efter regionens provinser Parma og Reggio Emilia. Normalt anvendes den almindelige version, som er lagret i 12 måneder, men for ekstra smagsnuancer bruges ofte versioner, der er lagret 24 måneder eller mere. Den kaldes ofte blot for parmigiano for at forkorte navnet.

Der findes en meget tilsvarende hård ost med navnet *Grana Padano*[4] fra det nordlige Italien, som ofte kaldes fattigmands-parmigiano. Men det ses af mange som en fejl at gøre, da den har sine helt egne nøddeagtige smagsnuancer. Den kan fint erstatte en parmigiano på en omgang pasta eller en pizza. Osten er også lavet på komælk og kaldes ofte blot for grana for at forkorte navnet.

Pecorino Romano[5] er en i Danmark nok mindre kendt hård ost fra regionen Lazio, som bruges meget i retter fra Rom og endda også ofte i Napoli, f.eks. på pizza. Det er en meget salt og skarpsmagende ost af fåremælk. Kaldes ofte blot for pecorino for at forkorte navnet. Klassisk *pasta carbonara* bør normalt kun have Pecorino Romano i fremfor parmigiano eller grana, men den romerske mesterkok Luciano Monosilo bruger i sin opskrift en del grana[6] for at tage den skarpe smag lidt af pecorino-osten. Jeg testede med en del pecorino til fire dele grana i en carbonara, men pecorinoen var stadig alt for dominerende og meget mere end ved carbonara hos Monosilo.

Fælles for brugen af de hårde oste fra Italien er, at de udover deres smag også bruges til at salte maden med, uden det næsten er muligt at oversalte den. Det smager jo så bare mere af ost!

---

[2] https://www.youtube.com/watch?v=H8i8iZ6dE68

[3] https://en.wikipedia.org/wiki/Parmesan

[4] https://en.wikipedia.org/wiki/Grana_Padano

[5] https://en.wikipedia.org/wiki/Pecorino_romano

[6] https://www.youtube.com/watch?v=nYLoCwAR4pY

Jeg så på tilbud i Lidl en lagret (1000 dage) Gouda fra Holland, som jeg vil prøve at teste på pasta – se den på billedet tidligere. Gouda har jo sin egen runde og nøddeagtige smag, så jeg tænker, at den fint kan være en ny frisk smagsoplevelse sammen med pasta.

Her i bogen vil jeg i indledningerne til kapitlerne pasta og pizza beskrive rejser, hvor jeg har besøgt nogle af de bedste steder i verden for at teste og tage billeder af bogens udvalgte pastaretter og pizzastile. Dette er både for at vise læseren, hvordan disse retter ser ud, når de er bedst, og for at man kan se, hvordan de forskellige pizzastile adskiller sig fra hinanden.

Derved kan man sammenligne med såvel sine egne kreationer som med de retter, som man får serveret på restauranter i Danmark. Hermed håber jeg, at læseren nemt kan se, at der er vældig meget plads til forbedring, og den kan man lige så nemt selv lære at skabe fremfor at satse på, at det lokale pizzeria opper sig.

Derudover håber jeg, at læseren føler sig inspireret til at besøge nogle af disse restauranter, hvis man nogen sinde planlægger en rejse til Italien. Jeg har vedlagt links til alle restauranterne på Google Maps, så man nemt kan finde dem.

Buon Appetito!

Pasta

Billede 03: ChatGPT "Generate a photorealistic image of an Italian dinner table with pasta dishes like Carbonara, Cacio e Pepe and Lasagna"

3. Pasta – kan næsten 60 millioner italienere tage fejl?

Jeg synes, det er nemmere at forstå og værdsætte pastaretter, hvis man tænker på retterne, som om de er opbygget med ingredienser på samme måde, som Legoklodser kan sættes sammen. Først tager man pasta. Tilføjer man ost og smør, så har man retten *burro e parmigiano*. Eller tilføjer man ost og sort peber, så fås retten *cacio e pepe*. Man kunne også tage pasta, hvor man tilføjer hvidløg og olivenolie for at få retten *aglio e olio*. Tager man så en af disse retter, f.eks. *cacio e pepe*, og tilføjer *guanciale* (saltet svinekæbe), så har man retten *gricia*. Tilføjede man i stedet æg, så fik man retten *cacio e uova*. Og kombinerer man retterne *cacio e uova* og *gricia*, så har man retten *carbonara*. Dette er naturligvis en stor simplificering, da der ofte skiftes til en anden ost eller tilføjes urter m.m. Men det giver nemmere et fornuftigt overblik, og man kan se, hvor retterne "kommer fra" ud fra ingredienserne.

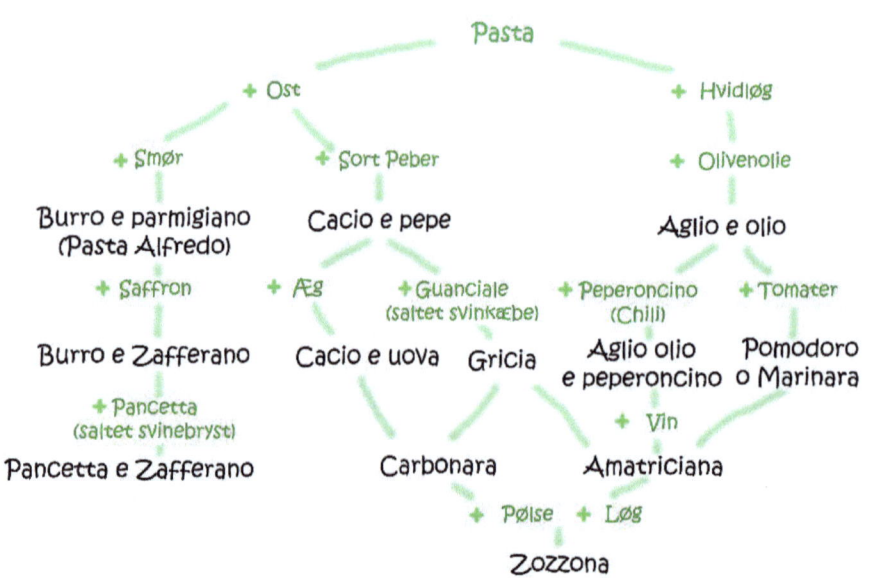

Figur 01: Et simplificeret overblik over mange kendte italienske pastaretter.

Pastaretten ***fettuccine all'Alfredo*** er nok den ret, der er mest mishandlet i USA i forhold til originalen. Dens oprindelse er fra 1908, hvor Alfredo Di Lelio i Rom tog sig af sin sengeliggende kone, efter hun havde født et af deres børn og havde brug for næring[7]. Kort efter kom retten på menuen, hvor Alfredo serverede den for gæster på forældrenes restaurant. Deres restaurant blev lukket to år senere, men Alfredo åbnede en ny restaurant kaldet "Alfredo alla Scrofa" i 1914, der var centralt beliggende på Via delle Scrofa[8]. Han overlod sin restaurant til sin søn Armando i 1943, som solgte restauranten med inventar (f.eks. billeder af berømtheder, der havde besøgt restauranten) i 1945 til to af tjenerne. Efter krigen i 1950 åbnede Alfredo med sin søn en ny restaurant tæt på, under navnet "Il Vero Alfredo"[9] (den ægte Alfredo), der i konkurrencen med den oprindelige restaurant påberåber sig at være de rigtige efterkommere af Alfredo (børnebørn).

Fotografi 03: Restaurant "Alfredo alla Scrofa" i Rom, Italien.

---

[7] https://www.ilveroalfredo.it/en/history/

[8] https://maps.app.goo.gl/Z1p3xUHMeX5GfuDq7

[9] https://maps.app.goo.gl/xdkkgnoCNorkBJNQA

Retten er egentlig blot en overdådig version af den klassiske ret *pasta burro e parmigiano* (pasta med smør og ost). Den serveres med ultratynde *fettuccine* båndpasta, så de næsten smelter i munden med den cremede sauce, hvor smør, parmigiano og pastavand er vendt eller blandet sammen i en emulsion til en cremet sauce.

I maj 2023 tog min far og jeg på en forlænget weekend i Rom. Det første sted, vi besøgte, var restaurant "Alfredo alla Scrofa"[10] for at prøve den ægte pasta Alfredo. Når man bestiller *fettuccine Alfredo*, så vendes pasta med ost og smør ved bordet, og retten serveres lige efter. Det gør naturligvis oplevelsen ekstra speciel. Det var skam gufmad hos "Alfredo alla Scrofa". Vi besøgte "Il Vero Alfredo" på endnu en ferietur til Rom i 2024. Det var som forventet en helt identisk pastaret.

I USA har man nu nok erkendt, at deres pasta Alfredo-versioner med fløde, mælk, hvidløg, mel, kylling eller rejer ikke er som originalen, og de hentydes derfor ofte til som amerikansk pasta Alfredo, fordi de tilgodeser de amerikanske smagsløg. Vi ser det også i andre pastaretter, hvor amerikanske versioner har meget mere hvidløg og fløde i, mens man i Italien bruger hvidløg meget mere varsomt[11], og hvor fløde mest bruges i desserter[12] samt få gange som hvid sauce på pizza. Man bruger så hellere *panna da cucina*, som er en tyk-blended emulsion af solsikkeolie og mælk.

Cremetheden kommer ofte blot fra pastavandet, der indeholder stivelse fra pastaen, da den blev kogt, som enten blandes eller emulgerer med ost, olie, tomatsauce eller andet for at lave saucen. Bruger man rigtig fløde, vil det fuldstændigt overdøve smagen af ingredienserne, og brugen kan derfor mistænkes af italienere som et trick til at maskere, at maden ikke smager korrekt, eller at man ikke har brugt de rigtige eller gode ingredienser. Prøv evt. selv at lave en pastasauce. Tilføj fløde i en portion og hav en anden uden, så vil du nemt kunne smage forskellen. Man kan næsten kun smage fløden, når den tilføjes, og det er synd, hvis man bruger rigtig gode råvarer.

---

[10] https://maps.app.goo.gl/jqXbiVgZbMYBjvg46

[11] https://www.youtube.com/watch?v=NTSxnC7vCRc

[12] https://www.youtube.com/watch?v=_zXfwPfKozY

Fotografi 04a (venstre): Den originale *"Le Originali Fettuccine Alfredo"* på restaurant "Alfredo alla Scrofa" i Rom, Italien.

Fotografi 04b (højre): Den majestætiske *"Maestosissime Fettuccine all'Alfredo"* på restaurant "Il Vero Alfredo" i Rom, Italien.

Der er mange med opskrifter, som påstår, at deres er den "ægte" **_ragù bolognese_**. Derfor har det Italienske Køkkenakademi (Accademia Italiana della Cucina) i oktober 1982 registreret en opskrift hos Handelskammeret i Bologna (La Camera di Commercio di Bologna) på den klassiske bolognese kødsauce[13]. Den er blevet opdateret for nylig i april 2023[14].

Den italienske forsker og madskribent Luca Cesari har i sin bog "A Brief History of Pasta"[15] beskrevet, hvordan de kendte italienske pastaretter har udviklet sig gennem tiden. Her forklarer han, at der i Italien kom en nationalisme i 1950'erne og 1960'erne for at beskytte de nationale retter med "ægte" opskrifter, som man havde set det ske tidligere med det franske køkken. Han fastslår, at de fleste opskrifter, som mange italienere hårdnakket påstår altid har været, som de selv kender dem, har haft mange varianter over tid og vil derfor få nye varianter i fremtiden i en fælles søgen efter optimal smag og konsistens, og hvor talentfulde unge kokke anvender nye og gamle metoder og ingredienser til at forny og gentænke retterne[16].

Løg, selleri og gulerod er grundstenen for smagen i mange italienske opskrifter. I rå form kaldes de tilsammen _battuto_[17], hvilket betyder 'slået' eller 'hakket', mens de i stegt eller sauteret form kaldes _soffritto_. Ofte dækker soffritto dog i daglig tale over begge situationer. Soffritto betyder 'let stegt' og henviser til, at grøntsagerne steges langsomt for at frigive deres smag uden at blive gyldne (som vi kender det fra karamelisering af bløde løg til en hakkebøf).

Denne base kendes også og kommer sikkert originalt fra det franske køkken, hvor man kalder det _mirepoix_. Mirepoix er også blevet eksporteret eller er emigreret til cajun- og kreolerkøkkenet i det sydlige USA, men her er gulerødderne dog blevet udskiftet med grønne peberfrugter.

---

[13] https://www.accademiaitalianadellacucina.it/it/ricette/ricetta/rag%C3%B9-classico-bolognese

[14] http://tinyurl.com/2443bp2f

[15] Cesari, Luca (2022), _A Brief History of Pasta - The Italian Food that Shaped the World_, Clays Ltd., UK.

[16] https://www.youtube.com/watch?v=U4eaNqTbDDA

[17] https://www.ciaoitalia.com/blog/battuto-the-four-evangelists-of-italian-cooking

Soffritto er fundamentet for en original *ragù bolognese*, som sammen med kød, fond, vin og tomat giver retten dens fyldige smag helt uden brug af krydderier.

Når man laver pastaretter, bør man <u>ikke</u> gøre, som de fleste af os her i Danmark nok altid har gjort, nemlig at placere pastasaucen ovenpå den friskkogte og varme pasta. Måden, hvor vi putter sovs over kartoflerne eller gryderet over risene, er ikke en god ide med pasta. Pastaen bør puttes op i saucen og blandes med *ragù* eller *sugo* i en højkantet pande med bred bund, og man tilføjer typisk lidt vand fra pastagryden. Pastaen skal koge videre et minuts tid med saucen og lidt af pastavandet, således at smag fra saucen optages af pastaen. Pastavandet, der har stivelse med fra selve kogningen af pastaen, vil også kunne blandes eller lave en emulsion med pastasovsen, så der opstår en cremet sauce uden brug af fløde. Så altid pasta op i sovsen og ikke omvendt!

Under min fars og min tur til Rom i maj 2023 skulle vi have været til Napoli, men det blev desværre aflyst pga. problemer med togene. Så vi besluttede os derfor for at holde en ny ferie, hvor vi kørte i bil til Italien. Vi blev hurtigt enige om, at vi ikke kunne vente til påsken året efter, så to måneder senere tog vi på sommerferie i Italien. Ved at have egen bil med kunne vi bedre besøge flere og mere fjerntliggende steder samt tage ting med hjem. Derfor valgt vi på vejen hjem at besøge Bologna for både at prøve ægte lasagne bolognese og ægte **pasta alla bolognese**.

I rejseprogrammet "Gino's Italien Escape" med Gino D'Acampo[18] havde vi i episode 12 set, at han besøgte restaurant "Trattoria Anna Maria" og roste den meget. Så der tog vi hen for at prøve traditionel "Lasagne al forno". Men som jeg beskrev i indledningen af bogen Gufmad 1, så kunne den desværre ikke helt leve op til min egen opfattelse af en super Lasagne. Der manglede muskat, og den var næsten uden bechamelsauce. Og der var slet ikke rasp på toppen som i Arlas "Lasagne Italienne"[19]. Pastapladerne var desuden meget bløde helt uden bid (som vist er kutyme i Bologna).

---

[18] https://www.youtube.com/watch?v=dvOnOMF7gsY&t=130s

[19] https://www.arla.dk/opskrifter/lasagne-italienne/

"Lasagne al forno" på restaurant "Trattoria Anna Maria"[20], Bologna, Italien.

For også at kunne prøve "Cotoletta alla Bolognese" sammen med "Tagliatelle al ragù Bolognese tagliato a coltello" (håndskåret kød med kniv fremfor brug af kødhakker) besøgte vi restauranten "Oltre". Det er en lidt finere restaurant med ganske rimelige priser. Det var sandelig også gufmad – en utrolig velsmagende pasta bolognese samt en lækker stegt paneret kalveschnitzel, som er bagt med tørret italiensk skinke og masser af parmigiano ovenpå bagefter – det var næsten for meget parmesan, men også kun næsten. Bolognas svar på wienerschnitzlen og retten *saltimbocca*.

"Cotoletta alla Bolognese" på restaurant "Oltre"[21], Bologna, Italien.

[20] https://maps.app.goo.gl/wGM9PiKE4H73XCPW9
[21] https://maps.app.goo.gl/6J2mRrKdvKbgdy4J7

Fotografi 05: *"Tagliatelle al ragù Bolognese tagliato a coltello"* på restaurant "Oltre" i Bologna, Italien.

De fleste af os har nok kun prøvet pasta carbonara med bacon og fløde. Men som jeg uddybede ved pasta Alfredo, så bruger man generelt ikke fløde i Italien til pasta, da det er overdøvende for smagen. Desværre bruger mange italienske restauranter fløde i pastaretter i Danmark, da de er nemmere at lave, og for pasta carbonara er det nemmere at styre og genopvarme uden æg i.

Jeg undersøgte tidligere emnet carbonara og fandt frem til en person, som blev nævnt igen og igen – den relativt unge italienske mesterkok Luciano Monosilo, som i Rom kaldes "King of Carbonara" [22 & 23].

Så da min far og jeg var i Rom i 2023, var det nok vigtigste sted for mig at besøge Luciano Monosilos restaurant "Luciano Cucina Italiana"[24] for at prøve hans berømte **pasta alla carbonara**. Ville den være så fantastisk, som alle siger? Og jo, den var supergod og ægte gufmad, så vi prøvede den naturligvis igen på Rom-turen i sommerferien i 2024!

---

[22] https://www.youtube.com/watch?v=rw03AUoL7yk

[23] https://www.youtube.com/watch?v=JUxf9g9fq0I

[24] https://maps.app.goo.gl/rYPaLf7kN8GmQcJP7

Fotografi 06: Luciano Monosilos berømte *"Signature Carbonara"* på restaurant "Luciano Cucina Italiana" i Rom, Italien.

Samtidigt havde jeg fundet en rigtig god og velproduceret YouTube-kanal kaldet Pasta Grammar[25] med det unge italiensk-amerikanske par Eva og Harper. De har masser af gode afsnit, hvor de deler italienske opskrifter. Så deres kanal er klart også en god kilde for amatørkokke til inspiration om det italienske køkken. De udgiver en kogebog i efteråret 2024[26].

De havde et specielt afsnit[27], hvor de så på carbonara-rettens historie sammen med madskribenten Luca Cesari. Det var her, jeg både blev introduceret til ham, hans bog om pastaens historie og opdagede tricket med at bruge sous vide til at lave retten carbonara. Luca har sent i 2023 delt en video med en carbonaraopskrift fra 1954 med bacon og schweizisk gruyereost, den første som var publiceret i det kendte magasin "Cucina Italiana". Det har han fået en enorm shitstorm for[28] på sociale medier. For uanset om du har ret, så kan mange italienere på ingen måde tolerere, at:

1. man bruger fløde i carbonara.
2. man putter ketchup på pasta.
3. man putter ananas på pizza.
4. man bestiller cappuccino efter frokost.
5. man bruger bacon i stedet for *guanciale* eller *pancetta*.
6. man spiser pasta (en *primo*-ret) til stykker af kød (en *secondo*-ret)[29].
7. man drysser ost på fiskeretter.

Det kan virke lidt tosset for os danskere, men de er meget passionerede om det, se f.eks. bare YouTube-kokken Vincenzo[30], hvor han ofte kritiserer andres videoer, når de laver italienske retter.

---

[25] https://www.youtube.com/@PastaGrammar

[26] https://www.amazon.com/gp/product/1577154320/

[27] https://www.youtube.com/watch?v=IUT70nrFUOo

[28] https://tinyurl.com/bdec3mrm

[29] https://en.wikipedia.org/wiki/Italian_meal_structure

[30] https://www.youtube.com/playlist?list=PLJwrH1iB-tbdqN6zjrX1l82b3QB-YHdya

Hvis du vil lære mere om pasta og italienske pastaretter, kan jeg varmt anbefale disse tre bøger på engelsk fra ItaliaSquisita[31] (se evt. også videoerne fra deres YouTube-kanal):

Fotografi 07: Bøger om pasta fra "ItaliaSquisita".

Første bog[32], "Original & Gourmet", er med såvel klassiske som nye innovative versioner af kendte opskrifter fra mange af de bedste kokke i Italien. De andre to bøger[33], "Dry Pasta" og "Fresh Pasta", udgør et bogsæt om hhv. tør og frisk pasta med både pastahistorie og diverse pastaretter, som igen er fra mange af de bedste italienske kokke. For et historisk perspektiv på pasta kan du se på Luca Cesaris bog. Jeg har også lavet en playliste[34] på YouTube, der forhåbentligt kan inspirere dig – søg evt. blot efter "Gufmad2 - Pasta".

---

[31] https://italiasquisita.net/

[32] ItaliaSquisita (2022), *Original & Gourmet – The first recipe book by ItaliaSquisita*, Vertical, IT. Se
https://shop.vertical.it/collections/books/products/original-gourmet

[33] ItaliaSquisita (2022), *Pasta – The guide to the most loved Italian food by ItaliaSquisita*, Vertical, IT. Se
https://shop.vertical.it/products/pasta-en

[34] https://www.youtube.com/playlist?list=PLbIY2LRmJZ9e5glZP-FtD6vPgV1A2m896

3.1. Fettuccine all'Alfredo – båndpasta med fyldig og cremet sauce på 10 minutter

INGREDIENSER (1 person)
100 g revet Parmigiano Reggiano-ost
100 g smør i tynde skiver
100 g *fettuccine*, tør (eller 150 g frisk)

UDFORDRINGER & TRICKS
Det svære ved sauce med ost er, at osten skiller, hvis den bliver for varm, så man får strenge i retten. Der er, som omtalt i første bog, mulighed for at bruge 1 teske natriumcitrat til at undgå dette, men i denne ret kan man vælge blot at bruge en opvarmet skål.

Da ost og smør har svært ved at blandes med vand, kræver retten, at man blander disse ingredienser godt, før det sker.

Siden der er en pæn mængde ost og smør i retten, vil man typisk ikke kunne spise så meget af denne ret som ved andre pastaretter.

Salt: pasta, ost
Sødt: pasta
Umami: ost
Fedt: smør, ost

TILBEREDNING

Riv osten, og skær smørret i tynde skiver, så de nemmere kan smelte. Det kan virke som store mængder, men det er nødvendigt i denne ret.

Kog den tørre (eller friske) *fettuccine*. En skål fyldes med meget varmt vand fra hanen, og efter lidt tid hældes vandet ud. Smørret puttes nu i skålen for at blødgøre eller smelte det lidt i varmen fra skålen. Man kan evt. sætte skålen med smørret op over det kogende vand med pasta i nogle få sekunder. Det er specielt nyttigt, hvis smørret kommer koldt fra køleskabet.

Når din *fettuccine* er kogt efter anvisningen (3-5 minutter), løftes den over i skålen. Det er helt fint, den ikke er drænet, så der kommer en god del pastavand med. Tilføj også den revne ost og ½-1 dl af pastavandet.

Nu gælder det bare om at vende tingene sammen, indtil ost, smør og pastavand emulgerer og blandes til en lækker cremet sauce. Smør og ost smelter i varmen fra pasta og pastavand.

Anret maden på en varm tallerken, og server straks efter, inden retten bliver kold.

Fotografi 08: *Fettuccine all'Alfredo* (også kendt som *pasta burro e parmigiano*).

3.2. Ingrediens – ragù bolognese, en solid italiensk kødsovs med dyb smag

Da italiensk *pancetta* er svær og dyr at skaffe de fleste steder i Danmark, så tillader jeg mig at anvende bacon til denne opskrift i stedet. Det tilføjer dog lidt røgsmag, som trods alt passer fint til de danske smagsløg. Kan du skaffe *pancetta*, så prøv nogle gange at følge den klassiske opskrift.

INGREDIENSER
400-500 g hakket oksekød
150-200 g bacon (eller *pancetta*) i strimler eller tern
1 finthakket mellemstort løg
1 finthakket stilk selleri
1 finthakket gulerod i mellemstørrelse
1 glas italiensk hvidvin eller rødvin
2 dl tomatsauce (passata) – gerne en god italiensk!
1 spiseske koncentreret tomatpuré
1 glas sødmælk
Fond eller bouillon af enten kalv, kylling eller grøntsager
Ca. 3 spiseske olivenolie til stegning
Salt og peber

UDFORDRINGER & TRICKS
Man kan med fordel lave portioner af grøntsagerne til "soffritto" til at lægge i fryseren i frostposer, så man har til en anden gang. Derved undgår man madspild af specielt selleri, som jeg f.eks. ikke selv anvender til andet og slet ikke bryder mig om i salater.

I den "ægte" opskrift[35] på klassisk *ragù bolognese* skriver det Italienske Køkkenakademi (ud over at brugen af bacon er en "uacceptabel variant"), at man ikke bør anvende en foodprocessor eller blender til at hakke soffrittoen.

Men for at opnå en mere cremet ragù, eller hvis man ikke er så god til at snitte grøntsagerne fint, kan man dog blende soffritto-grøntsagerne i en foodprocessor før stegning, så de nemmere koger ud i saucen. En klassisk blender virker ikke ret godt, da der ikke er væske ved.

Salt: bacon, salt
Sødt: tomatsauce, kød, løg, gulerødder, koncentreret tomatpuré, selleri
Syre: vin
Bittert: selleri
Umami: kød, bacon, tomatsauce, koncentreret tomatpuré, selleri
Fedt: bacon, olie, mælk
Kokumi: løg

---

[35] https://www.accademiaitalianadellacucina.it/it/node/62013

TILBEREDNING

I en stor gryde steges baconen i olie under medium-lav varme for at afgive smagfuld fedt til retten.

Når stykkerne er gennemstegt, tilføjes soffritto-grøntsagerne under omrøring, og de steger med ved medium-lav varme. Løgene må under ingen omstændigheder brænde på og blive bitre.

Når soffritto-grøntsagerne er gennemstegt, så tilføjes kødet, og det steges ved middelhøj varme i ca. 10 minutter, indtil det er brunet og fuldt gennemstegt.

Tilføj vinen, og rør godt rundt. Lad det simre, mens alkoholen fordamper og vinen reducerer. Når du ikke længere kan lugte vinen, så er du klar til at gå videre.

Fordampes alkoholen ikke, giver det en for stor mængde syre til retten.

Tilføj koncentreret tomatpuré og tomatsauce. Rør rundt, mens tomaten "brændes" lidt af, så syren forsvinder og tomaterne primært tilføjer sødme til retten.

Under omrøring tilføjes lidt fond eller bouillon.

Kog i ca. 1 time uden låg med omrøring hvert kvarter.

Tilføj lidt fond eller bouillon om nødvendigt, så ragùen ikke bliver for tør.

Tilføj mælken, og rør godt rundt.

Kog igen 1-2 timer uden låg med omrøring hvert kvarter. Tilføj lidt fond eller bouillon om nødvendigt.

Smag ragùen til med salt og peber.

Den bør nu have en smuk, mørk orange farve, være smagfuld og cremet i konsistens. Den bør ikke være for tynd, så den ikke kan holde fast på pastaen senere.

Note: Retten har <u>ikke</u> fået en helt masse "bolognese"-krydderi eller andet krydderi i end blot salt og peber – den gode smag kommer fra de gode råvarer og soffritto-grøntsagerne!

Fotografi 09: *Ragù alla bolognese* baseret på opskriften fra det Italienske Køkkenakademi.

3.3. Pasta alla bolognese – den ægte italienske pasta med kødsovs

INGREDIENSER
Ragù bolognese
Frisk bredbåndet pasta – tagliatelle eller fettuccine
Parmigiano Reggiano (ægte parmesanost)

UDFORDRINGER & TRICKS
Har man tykke saucer med kødstykker i, så bør man altid bruge en bred pasta. Derfor bruges der helst altid pasta tagliatelle til *ragù bolognese*, men ellers benyttes den lidt smallere pasta *fettuccine*. Det vil være en fejl at bruge spaghetti eller *bucatini* (rund og hul pasta, hvad vi ofte kalder makaroni). Faktisk har man i Bologna registreret retten "Spaghetti Bolognese"[36], hvor det er en ret med tun[37]. De fleste kender sikkert til situationen, hvor kødsovs serveres med spaghetti, og man ender op med en masse kød i bunden af tallerkenen til sidst. Brede pastatyper og korte rørpasta med en rimelig diameter, som f.eks. *rigatoni*, kan bedre tage kød- og grøntsagsstykker med på gaflen.

Salt: ost
Sødt: ragù, pasta
Umami: ragù, ost
Fedt: ragù
Kokumi: ragù

TILBEREDNING
Kog pastaen i en gryde med rigeligt salt. Du bør give det ca. 1 minut mindre, end der står på pakken, for pastaen skal koge videre sammen med ragù bolognese-saucen.

---

[36] https://www.accademiaitalianadellacucina.it/it/ricette/ricetta/spaghetti-con-il-tonno-alla-bolognese
[37] https://www.youtube.com/watch?v=-uGHYg-zSnE

Mens pastaen koger, opvarmes noget af ragùen i en bredbundet pande med højde kanter – mængden kommer an på, hvor mange der laves mad til.

Når pastaen er klar, tages den med en tang op af kogevandet og over i panden. Tilsæt en halv til en hel deciliter af pastavandet til panden – blot lidt ad gangen. Rør rundt i panden, og kog videre et lille minut, så pastaen optager smag fra ragù-saucen og noget af væden fra både ragù og pastavand.

Tag pastaen med ragù-sauce op med en tang, og placer den på en dyb tallerken.

Tilføj evt. et drys Parmigiano Reggiano-ost hen over retten på tallerkenen – det tilføjer både umami og salt, samt gør retten mere indbydende at se på. Alternativt kan man stille en skål med revet parmigiano frem til gæsterne, så de selv kan drysse osten på efter smag.

Fotografi 10: *Pasta alla bolognese* (med fettuccine) – en sand fornøjelse at spise!

3.4. Pasta alla carbonara – med brug af sous vide eller "holde varm"-funktion!

I Ozzano dell'Emilia nær Bologna besøgte vi på Italiensturen i 2023 et Eurospar supermarked[38], hvor jeg lige undersøgte, om *guanciale* kostede meget mindre end i Danmark. Kødet i pakken var dog skåret pænt i strimler klar til brug fremfor at være et helt stykke, men for 116 g skulle man betale 5,61 euro. I Bilka og mange online specialbutikker herhjemme kan man få et stykke (dog med skind på som skæres af) på 300 g for ca. 59-100 kr. Til sammenligning ville prisen i Italien for nedenstående pakke fra Eurospar være ca. 108 kr. for 300 g. Guanciale er ret dyrt alle steder.

Fotografi 11: Prisen på *guanciale* i hhv. et italiensk (36 kr/100 g) og et dansk supermarked (59 kr/300 g).

Opskriften, jeg anvender, er fra Luciano "King of Carbonara" Monasilo[39], hvor der kun bruges æggeblommer, og hvor Pecorino Romana mildnes med Grana Padano. Mange andre opskrifter har enten æggehviderne med eller siger en æggeblomme per person plus et helt æg. Personligt kan jeg bedre acceptere æggeblommer, som ikke er helt tilberedt, end æggehvider. Blommerne kender vi fra spejlæg, men æggehvider med konsistens som snot, det dur altså bare slet ikke...

Prøv retten med guanciale, men brug evt. bacon i hverdagen, sig det bare ikke til nogen italienere!

---

[38] https://maps.app.goo.gl/xrXZSHSuxc13fWPr7

[39] https://www.youtube.com/watch?v=JUxf9g9fq0I

INGREDIENSER (2 personer)

100 g *guanciale* skåret i tern på 1 cm^3 (skær alt peberkant og skind fra!)

15 g revet grana

20 g revet pecorino (halvdelen bruges som pynt)

2 æggeblommer

Masser af friskkværnet peber

140-200 g spaghettoni eller spaghetti (spaghettoni er en lidt tykkere spaghetti)

UDFORDRINGER & TRICKS

Det svære ved carbonara er, at saucen indeholder både ost og æg. Et er, at osten skiller ved en relativt høj temperatur, men hvis æggeblommerne kommer over 64°, så begynder de at koagulere og bliver til røræg fremfor lækker cremet sauce. En dygtig kok kan enten styre temperaturen eller bruge et vandbad (*bain-marie*), men vi amatørkokke kan i stedet tage lidt teknologi til hjælp.

Et sous vide-kar holder temperaturen til den valgte og sikrer derfor, at den ikke overskrides. Så det slog mig, at moderne komfurer ofte har en "holde varm"-funktion, som man så kan bruge på næsten samme måde, men temperaturen bør altid først lige testes. På mit komfur satte jeg en gryde med en halv liter helt varmt vand fra vandhanen på "holde varm"-funktionen. Den startede på 48° og steg efter lidt tid til 58°, hvor den toppede, dvs. 6 grader under det kritiske punkt, hvorfor jeg testede komfurets evne til at lave carbonara på samme måde som med sous vide, dvs. tilberede i lang tid ved den lave varme. På "holde varm"-funktionen kom carbonarasaucen op på 54°-56° hos mig.

Som jeg nævnte i indledningen til Italienske Favoritter, så kan pecorino godt have en meget gennemtrængende smag. Det har den for mig haft med de klassiske 200 g "trekanter" fra supermarkedet, som jeg har testet tidligere, selv når jeg brugte en del pecorino til fire dele grana.

Til billederne i denne bog testede jeg i stedet med et mindre stykke fra supermarkedskæden Lidl, hvor der stod, det var modnet i 8 uger. Denne ost ligger typisk som fast vare i deres osteafdeling under special-ostene.

Det smagte med blandingsforholdet i opskriften ovenfor på 10 g pecorino til 15 g grana i saucen utroligt tæt på den carbonara, som jeg havde oplevet hos Luciano Monasilo i Rom.

Salt: guanciale/bacon, ost
Sødt: guanciale/bacon, pasta
Umami: guanciale/bacon, æg, ost
Fedt: guanciale/bacon, ost
Kokumi: ost

TILBEREDNING
Skær stykket med guanciale i ca. 1 cm³ tern.

Steg ternene langsomt ved middel varme, så en stor del af fedtet smelter fra, mens guanciale-ternene bliver gyldne. Ideen er at få ternene flot brune og sprøde på ydersiden, men bløde og saftige indeni. Fedtet, der smelter fra, skal bruges i saucen, for det er fyldt med god smag.

Riv 15 g pecorino og 20 g grana – kun halvdelen af pecorinoen skal bruges i saucen, resten bruges til pynt! Gør de 2 æggeblommer og 2 spiseske af fedtet fra guanciale klar.

Mix grana med halvdelen af pecorinoen og æggeblommerne. Tilføj guanciale-fedtet til blandingen.

Overfør blandingen til en lukbar pose til brug i sous vide, eller put det op i en gryde til brug på "holde varm"-funktionen af komfuret.

Lad blandingen blive tilberedt en time i sous vide ved 63°. Hold evt. posen nede med magneter, og lad vandet presse luften ud.

Alternativt, så hold det så tæt på som muligt, men højst 63° ved komfurets "holde varm"-funktion. I gryden kan man bedre røre lidt rundt. Lad det varme stille og roligt i godt og vel en time.

Nu er det et godt tidspunkt at varme nogle peberkorn i en gryde for ekstra smag. Derefter knuses de i en morter eller i en frostpose med bunden af en gryde. Man kan naturligvis også blot bruge friskkværnet peber.

Når der mangler ca. 15 minutter, bringes en gryde vand i kog til den tørre pasta. Kog den i kun letsaltet vand, da der er masser af salt i guanciale, grana og pecorino, men ellers som anbefalet på pakken i typisk 11-12 minutter.

Carbonara-blandingen overføres til en varm gryde eller skål, hvorefter den røres sammen med lidt varmt pastavand, og der røres godt.

Tilføj 2/3 af den stegte guanciale til blandingen, og rør rundt.

Tilføj den kogte pasta, og rør godt, så varmen fordeler sig og ikke overopvarmer noget af saucen med æg i, så du risikerer, at æggeblommerne koagulerer. Tilføj evt. lidt mere varmt pastavand, hvis saucen er for tyk, men rør også her godt rundt lige efter for at fordele varmen.

Server i en dyb tallerken, hæld lidt sauce over, og drys også noget af resten af guanciale-stykkerne over hver portion.

Giv retten et sidste drys med noget af den resterende pecorino og en god gang friskkværnet peber.

Til "hverdags"-carbonara med bacon og parmigiano (uden guanciale, grana og pecorino) tilsættes evt. lidt olivenolie til baconstykkerne, da de ikke frigiver så meget fedt, som guanciale ellers gør, til saucen:

Fotografi 12: Kokkene hos "Luciano Cucina Italiana" tilbereder *pasta alla carbonara*.

Fotografi 13: *Pasta alla carbonara* lavet med sous vide eller "holde varm"-funktionen på komfuret.

Pizza

Billede 04: ChatGPT "Generate an image of an Italian dinner table with pizza Margherita, pizza Capricciosa, pizza Marinara and red wines in bottles and glasses"

4. Pizza – "It's all about the crust!"

En ting er, at man klokken gylle om natten, når man f.eks. er "langs i Synneborg", blot snupper et stort slice pizza hos den lokale Pronto Pizza, Mamma Mia, American Pizza eller Pizza Napoli. Der forventer man ikke, at det rent faktisk er ægte New York-stil i store slices, luftig Detroit-stil eller original napolitansk pizza med stor luftig kant, som man får. Det er blot noget varmt brød med tomat, smeltet ost og fyld på, som skal mætte og stoppe de værste tømmermænd den næste dag.

Men når man går på italienske restauranter, så burde man kunne forvente gode autentiske pizzaer med de rigtige råvarer. Min kammerat Leon og jeg oplevede desværre igen og igen, at det hverken var ægte kogt italiensk skinke (*prosciutto cotto*), stærk italiensk salami (*salame piccante*) eller frisk mozzarella, men at det derimod mest mindede om toppings fra discountsupermarkedet med strimler af Jaka-bov, pepperoniskiver og en revet smagløs gummiost.

Denne mangel på gode pizzaer gjorde igen (se kapitlet om Tex-Mex senere), at jeg tænkte: "hvor svært kan det være? – det er jo bare mel, vand, salt og gær!".

Hidtil havde jeg kun lavet "hjemmesamlet" pizza med færdigdej og så selv puttet sauce, frisk mozzarellaost og fyld på. Dette "projekt" startede i efteråret 2022, hvor jeg afprøvede teknikker, udstyr og metoder fra bøger og YouTube-videoer i min almindelige varmluftovn.

Man kan faktisk selv lave en ganske habil pizza i hjemmeovnen på denne måde, specielt med et bagestål/pizzastål eller en pizzasten. Som ses på de følgende billeder, er det en læreproces, hvor man bliver ved og ved, og dermed bliver man bedre over tid. Jeg gik selv efter at lave moderne napolitansk pizza i *canotto*-stil, hvor kanterne er store og luftige. Navnet kommer af, at de ligner en gummibåd med de store kanter. For at lave denne stil af pizza skal man både mestre at lave en velfermenteret dej og håndtere, at dejen skal have en høj fugtighed, hvor den er ret klistret.

Først når jeg havde lært dette godt nok, ville jeg anskaffe mig en rigtig pizzaovn. Jeg testede med maltsirup, pizzaenzymer, diastatisk malt, olie på kanten, hvedekimsolie i dejen osv. – utroligt mange råd og tips blev afprøvet for at se, hvordan de virkede. Ligesom i min første bog i serien, så har jeg taget stor inspiration fra Modernist Cuisine, der i 2021 havde udgivet det ret dyre, men omfattende værk "Modernist Pizza" (et *must have* for pizzanørderne!):

Fotografi 14: Bogsættet "Modernist Pizza"[40].

---

[40] Myhrvold, Nathan & Francisco Migoya (2021), *Modernist Pizza*, The Cooking Lab, USA.

Efter jeg begyndte at "forske" i pizza, så opdagede jeg, at der var mange forskellige stile af pizza – selv bare i Italien[41]. Med stile menes ikke forskelligt fyld som en pizza *Margherita* i forhold til en pizza *Marinara* eller en pizza *Capricciosa* – dette er typer af pizza. I Napoli har man *pizza napolitana*, der er bagt ved 400°-500° i en speciel ovn med træ, så kanten hæver en pæn del og er luftig, blød og sprød på samme tid. Tager man et slice op, så vil spidsen hænge, hvorfor den oftest spises med bestik. Bunden er bagt, men er ikke hård, da man oprindeligt foldede pizzaen sammen for at tage den med sig. Napolitansk pizza findes typisk i tre varianter[42] hhv. *a ruota di carretto*, *napoletana classica* og *a canotto*, med kanten gående fra lille til stor og diameter fra stor til lille. Der er også indbagt pizza kaldet *calzone* og to stile af friturestegt pizza kaldet *fritta* og *montanara*.

I Rom har de 4 stile af pizza[43]. Når der siges *pizza romana*, menes der oftest *pizza al taglio* (skåret), som er en lidt tyk og luftfyldt pizza, der betales efter vægt for stykkerne. Den er lavet i en bradepande kaldet *in teglia*. En *pizza alla pala* er, så vidt jeg kan forstå[44], stort set det samme som en *pizza al taglio*, men den er formet på bordet. De tager navn efter, at pizzaerne i deres form ligner den pizzaspade, der anvendes. Når de så siger *pizza romana tonda*, så snakker man om en tynd og sprød pizza, der kan være rullet ud med kagerulle og har en rund bund med en lille kant.

[41] https://www.foodandwine.com/travel/europe/italy/italian-pizza-styles

[42] https://www.italia.it/en/italy/things-to-do/types-of-pizza-italy

[43] https://www.italianpizzasecrets.com/what-is-real-authentic-italian-pizza/#Italian-pizza-in-rome

[44] https://www.alfaforni.com/en/recipe/alla-pala-pizza-dough/

Pinsa romana er den sidste stil, men mere om den senere. Såvel *al taglio som pinsa romana* forbages oftest, således at de bliver ekstra sprøde og luftige uden fyldet til at hæmme deres hævning i ovnen (*"ovenspring"*). Først derefter puttes fyldet på, og de bages igen, evt. senere lige inden servering. Yderligere pizzastile findes rundt i Italien, f.eks. den tynde Bari-stil, pande-pizza *al padellino* fra Torino samt bradepande-pizzaerne *sfincione* fra Sicilien og *al trancio* fra Milano.

I USA[45] har man mange yderligere stile – New York-stil, New Haven-stil, *thin-crust tavern*-stil, Chicago *deep dish*-stil, *stuffed* pizza-stil, Detroit-stil, *Grand-ma*-stil, St. Louis-stil m.fl.

Som tidligere nævn i kapitlet om pasta, så tog min far og jeg til Rom i maj 2023. Her prøvede vi så først pizza-stilen *al taglio* hos "Bonci Pizzarium"[46], hvor ejeren er den berømte gourmetkok og pizzaiolo Gabriele Bonci, som er kendt fra Netflix-serien "Chefs Table: Pizza". Gabriele Bonci kaldes ofte "the Michelangelo of pizza"[47] for sine gourmetpizzaer. Han betragtes af mange som den person, der egenhændigt har fået vendt *pizza al taglios* ry i Italien fra at være dårlig junkfood til gourmetmad, og han har dermed gjort *pizzaiolo* til et respekteret erhverv. Vi fik pizzastykker med kartoffel og stykker med oksekød. Fantastiske smagsindtryk på en lækker sprød og luftig bund.

---

[45] https://www.tastingtable.com/396619/the-real-difference-between-the-most-popular-types-of-pizza/

[46] https://maps.app.goo.gl/Sup33Y3yNSQDZ5158

[47] https://www.theguardian.com/travel/2011/sep/06/rome-pizza-school-gabriele-bonci

Fotografi 15: Forskellige lækre stykker *pizza romana al taglio* hos pizzeria "Bonci Pizzarium" i Rom, Italien.

Bonci er ikke kun kendt og berømt fra italiensk tv og fra Netflix, men han er også meget anerkendt med en førsteplads i 2023[48] og i 2024[49] på Top-50 for bedste take-away-pizzeria i Italien samt en tredjeplads på listen for The Best Pizza Chef 2023[50].

I sommerferien 2024 på endnu en ferietur til Rom prøvede vi igen *pizza romana al taglio*-stilen hos "Pizzeria Sancho"[51], som var stedet, hvor Gabriele Bonci ca. 10 minutter inde i Netflix-afsnittet fortæller, at han som barn kom forbi hver dag efter skole for at smage pizza, som han syntes var forfærdelig god: "næsten amoralsk, noget vidunderlig godhed". De har en 10.-plads i 2023 og en 11.-plads i 2024 på Top-50 for bedste take-away-pizzeria i Italien. Der var lækre stykker med forskelligt spændende fyld at vælge imellem, som alle smagte rigtigt godt.

---

[48] https://www.50toppizza.it/50-top-pizze-in-viaggio-2023/

[49] https://www.50toppizza.it/50-top-pizze-in-viaggio-2024/

[50] https://thebestchefawards.com/the-best-pizza/

[51] https://maps.app.goo.gl/H7f4Ldzqe1w6yDSk9

En anden dag på Rom-turen i maj 2023 prøvede jeg pizzastilen *pizza romana tonda* på en restaurant kaldet "Da Francesco"[52]. På YouTube[53] havde jeg set, at dette var en restaurant, som netop havde denne pizzastil. Jeg valgte at prøve en pizza *"Margherita Con Bufala DOP"*. Ganske god smag, men jeg tror desværre den væskefyldte bøffelmozzarella gjorde bunden lidt for blød fremfor sprød.

Derfor prøvede vi igen *pizza romana tonda*-stilen på vores Rom-tur sommeren 2024, hvor vi jagtede nogle af de bedre steder med denne stil af pizza. Her besøgte vi restauranterne "180Grammi"[54] og "Emma"[55], som begge skulle lave rigtigt gode *romana tonda*-pizzaer.

Det er vigtigt, at en *pizza romana tonda* har, hvad italienerne kalder *"scrocchiarella"*, som betyder *"crunch"*, dvs. de skal være knasende sprøde i både kanten og også gerne bunden. Derfor kaldes denne pizza-stil også nogle gange for *scrocchiarella* eller *pizza bassa*[56], hvilket betyder lav pizza – i modsætning til *pizza alta*, som betyder høj pizza, og betegnelsen anvendes for at differentiere den fra napolitansk pizza, der har høj kant.

---

[52] https://maps.app.goo.gl/F65fCjNmGAYGH5Hr9

[53] https://www.youtube.com/watch?v=00q8wITKBMM

[54] https://maps.app.goo.gl/2foyxctgpXBkqzvdA

[55] https://maps.app.goo.gl/AGKdwiDeqTmXrhNb7

[56] https://en.wikipedia.org/wiki/Roman_pizza

Hos restaurant "Emma" prøvede vi en pizza "Superbio" med bøffelmozzarella, der så også havde tomatsauce af de specielle *Piennolo*-tomater[57], samt en pizza "*Pata Negra e Bufala*" med Pata Negra skinke. Lækre og delikate smage! Sprød kant men stadig blød bund med bøffelmozzarella.

Hos "180Grammi" prøvede min far en "*Capricciosa*" (med lagret parmaskinke) og jeg en " *'Nduja*". I 2023 var denne restaurant nr. 9 i verden som bedste pizzeria[58] og nr. 5 i Italien som bedste pizzeria[59]. Interessant, at ikke alle pizzeriaer på Top-50-listen laver napolitansk pizza, selv om mange gør. Igen utroligt lækre pizzaer med tynde, sprøde og velsmagende bunde samt lækkert fyld. Velfortjent at de også kom på listen for bedste pizzeria i Italien i 2024[60] på plads nr. 13.

---

[57] https://www.youtube.com/watch?v=HAdG4LwcDZA

[58] https://www.50toppizza.it/50-top-world-2023/

[59] https://www.50toppizza.it/50-top-italia-2023/

[60] https://www.50toppizza.it/50-top-pizza-italia-2024/

Fotografi 16: *Pizza romana tonda* "Superbio" hos restaurant "Emma" i Rom, Italien.

Fotografi 17: *Pizza romana tonda "'Nduja"* (stærkt krydret pølse fra Calabrien) hos restaurant "180Grammi" i Rom, Italien (9.-plads som verdens bedste pizzeria i 2023 samt hhv. en 5.- og 13.-plads som Italiens bedste pizzeria i 2023 og 2024).

Vi skulle i maj 2023 have været med tog fra Rom til Napoli en enkelt dag for at besøge restaurant "Sustable", hvor de formodentlig laver nogle af de bedste pizzaer i *canotto*-stil. Desværre blev mange af togene ind og ud af Rom aflyst den dag. Så for at sikre, at vi dog stadigvæk fik en ægte napolitansk pizza, tog vi til den berømte restaurant "Sorbillo"[61], som også har en restaurant i Rom.

Der fik jeg prøvet 2 forskellige stile af pizza, dvs. både den berømte originale *pizza napolitana* og den friturestegte pizza kaldet *montanara*. *Montanara* er en pizzadej, som først frituresteges, får fyld på og så bages i ovnen. Der er også en anden og nok mere kendt type friturestegt pizza kaldet *pizza fritta*, som er en fyldt pizza (ligesom den indbagte pizza kaldet *calzone*), der frituresteges. Jeg valgte en "*Montanara fritta con Polpetta e sugo di Ragù*" (italiensk kødbolle og kødsovs) og en napolitansk pizza "*Bufala, Cotto e Parmigiano*" (bøffelmozzarella, kogt skinke og parmesan).

I januar 2024 har Gino Sorbillo provokeret den italienske madscene ved at lave en pizza med ananas[62], hvilket har skabt tumult på sociale medier og i hele Italien. Han argumenterer for, at ananas kom til Europa samtidigt med tomaten, og at mange andre ingredienser, man nu bruger, var ukendte på pizza for blot 10 år siden. Ligesom tomat giver ananas syre og sødme til smagen.

---

[61] https://maps.app.goo.gl/Sup33Y3yNSQDZ5158

[62] https://edition.cnn.com/travel/article/pineapple-pizza-italy-naples/

Fotografi 18: *Pizza napoletana classica "Bufala, Cotto e Parmigiano"* hos restaurant "Sorbillo" i Rom, Italien.

Da turen til Napoli havde fejlet, valgte vi, som nævnt tidligere, i sommerferien 2023 at køre til Italien. Planen var på pizza-siden at besøge nogle bestemte restauranter for at prøve både pizza fra nogle af de bedste steder i verden og af de manglende italienske stile af pizza, som vi ikke nåede to måneder før under turen til Rom.

På vej ned mod Napoli tog vi forbi yderkanten af det sydlige Rom, så vi lige kunne prøve begge de romerske pizzastile *pinsa romana* og *pizza alla pala*.

Pizza romana alla pala burde egentlig bare være næsten identisk med *al taglio*, men lavet uden bradepanden. Som beskrevet tidligere har den navn efter pizzaspaden, som er længere end den normale spade til de runde pizzaer.

Jeg fik prøvet et stykke med *prosciutto cotto* (kogt skinke) hos "Pala Pizza da Lorenzo"[63]. Det var nu ikke noget specielt. Den mindede meget om de typiske pizzaer i Danmark med en lidt hård kant, tynd bund og minimalt fyld på. Tror ikke helt, at den var lavet som de fleste *alla pala*-pizzaer.

---

[63] https://maps.app.goo.gl/gvwrnHQ9nCQztvWy6

Så da vi igen tog til Rom i sommerferien 2024, prøvede jeg igen *pizza alla pala*. Det ser ud til, at denne type pizza oftest laves af bagere eller på et *pasticceria* (konditori). Her besøgte vi *pasticceria*et med det "originale" navn "Pizza Alla Pala"[64] samt den berømte bager "Antico Forno Roscioli"[65], der har en 4.-plads i 2023 på Top-50 for bedste take-away-pizzeria i Italien[66].

Sidstnævnte havde jeg tidligere set Eva og Harper fra YouTube-kanalen Pasta Grammar[67] og Frank Pinello fra "The Pizza Show"[68] besøge. Fra de simple *alla pala*-pizzaer som *pizza bianca* med olivenolie og groft salt eller *pizza rosso* med tomatsauce og hvidløg til *alla pala*-pizzastykker med forskelligt fyld, så kan en *pizza alla pala* enten være tynd eller være luftig, afhængigt af om den er bagt med eller uden sauce på, da denne forhindrer pizzaen i at hæve under bagningen. Den er modsat *pizza al taglio* altid bagt uden bradepande og har derfor kanter samt en lang oval form. Nogle gange er den superlang, f.eks. hos "Antico Forno Roscioli" (se billedet til højre). Bagerne hos "Antico Forno Roscioli" bekræftede dette, og at dejen ellers er den samme. De påpegede, at *pizza alla pala* kun er bagt en enkelt gang, mens *al taglio* hyppigt bages i to omgange – udover at begge typer typisk opvarmes før servering. Det er næsten svært at kalde det to forskellige stile...

---

[64] https://maps.app.goo.gl/ctkUT8vNDR8HaTNE7

[65] https://maps.app.goo.gl/hcfWJYsckVcTcSMYA

[66] https://www.50toppizza.it/50-top-pizze-in-viaggio-2023/

[67] https://www.youtube.com/watch?v=9wMnxzKxyq0&t=127s

[68] https://www.youtube.com/watch?v=GajbZY0l7oY&t=100s

Fotografi 19: Forskellige stykker af *pizza alla pala* hos "Antico Forno Roscioli" i Rom, Italien (4.-plads på Top-50 for bedste take-away-pizzeria i Italien i 2023).

Pinsa romana kaldes teknisk set ikke for pizza og har navn efter det latinske ord for at strække og sprede ud[69]. Dejen gøres større ved at prikke i dejen med fingerspidserne, så luften både bliver i dejen i midten, og samtidigt presses noget af den udad, meget lig når man laver *pizza al taglio* og *pizza alla pala*.

Men modsat andre stile i Italien er der i dejen både ris- og soyamel (eller speltmel) udover hvedemel. De er typisk ovale i formen, og det er ofte en dej, som hæves og modnes længe. Den sælges som enten stykker i *al taglio*-stil eller som en hel oval *pinsa* til en enkelt person. *Pinsa* ses som en moderne genfortolkning af en gammel opskrift fra romertiden.

Vi besøgte "Pinsum Pinseria Romana"[70] i Rom på køreturen i sommeren 2023, hvor jeg prøvede en frisk og sprød *pinsa romana* "*Bufala, Pachino e Basilico*" med friske cherrytomater, basilikumblade og frisk bøffel-mozzarella på. Lækker og sprød gufmad.

Senere fandt vi poser med *pinsa*-mel i et supermarked, som vi tog med hjem til at kunne eksperimentere med senere. Det indeholder allerede rismel og soyamel i de rette mængder (85 % hvede, 10 % ris, 5 % soya/spelt).

---

[69] https://www.pinsaromana.info/en/what-is-pinsa-romana/

[70] https://maps.app.goo.gl/XthGp6qtgncfKYDy9

Fotografi 20: *Pinsa romana "Bufala, Pachino e Basilico"* hos restaurant "Pinsum Pinseria Romana" i Rom, Italien.

Da vi senere kom frem til Napoli, besøgte vi restauranten "I Masanielli – Francesco Martucci"[71], der var valgt på en delt førsteplads som det bedste pizzeria i Italien i 2023[72] (og i 2024). Senere fandt vi ud af, at de også havde fået en delt førsteplads som det bedste pizzeria i verden[73] i 2023. Francesco Martucci har også en andenplads på listen The Best Pizza Chef 2023[74]. Min far fik en pizza "*Bufala*", og jeg en "*Capricciosa Secondo Martucci*". Det var skam gufmad i verdensklasse!

[71] https://maps.app.goo.gl/z9garKcEZgp8phqd8

[72] https://www.50toppizza.it/50-top-italia-2023/ - OG - https://www.50toppizza.it/50-top-pizza-italia-2024/

[73] https://www.50toppizza.it/50-top-world-2023/

[74] https://thebestchefawards.com/the-best-pizza/

Fotografi 21: *Pizza napolitana a canotto "Capricciosa Secondo Martucci"* hos restaurant "I Masanielli di Francesco Martucci" i Caserta, Italien (delt førsteplads som verdens bedste pizzeria i 2023).

Vi kunne endelig besøge restaurant "Sustable"[75], som vi ikke kom ned til med tog fra Rom. Der fik vi prøvet tre forskellige, men meget specielle, gastronomiske pizzaer i moderne *canotto*-stil. Vi prøvede *"Bolognese"* (fløde, kødsovs og ost), *"Genovese"* (mørt svinekød, ost og ristede løg) og *"Fiocco"* (fløde, ost, kogt skinke og kartoffel). Jeg mødte også ejeren, Roberto Susta[76], som er kendt for sin pizza *"Fiocco"* samt metoden *"BIGA no stress"* til at lave dej med. Jeg havde hørt om ham fra Vito Iacopelli[77], som jeg havde set på YouTube og siden taget en masterclass i napolitansk pizza hos. Virkelig spændende smage, fine luftige og bløde *canotto*-kanter og helt klart gufmad.

[75] https://maps.app.goo.gl/AUEg1XzySiQQLhUT8

[76] https://thebestchefawards.com/top100-the-best-pizza-2023/ (Roberto er at finde på plads #94)

[77] https://www.youtube.com/watch?v=DopaeYsCbxQ&t=1160s

Fotografi 22: *Pizza napolitana a canotto "Fiocco"* hos restaurant "Sustable" i forstaden Volla til Napoli, Italien.

Da vi nu havde kørt hele vejen til Napoli og havde bilen med, så fik jeg sneget ind på turen, at vi skulle besøge den meget berømte pizzaiolo Franco Pepes restaurant "Pepe in Grani"[78] ca. 60 km fra Napoli i en lille bjergby kaldet Caiazzo. Han er også kendt fra Netflix-serien "Chef's Table: Pizza" og betragtes af mange som nok den bedste og mest kreative pizzaiolo i verden[79].

Som forret prøvede jeg igen en friturestegt *montanara*-pizza kaldet *"Nerano In Collina"* med squash/courgette og ostecreme. Vi tog begge Franco Pepes berømte pizza *"Margherita Sbagliata"* som hovedret. Det betyder "den fejlagtige Margherita", hvor tomat og basilikum er oven på osten som puré og ikke bagt med osten. En utrolig lækker gastronomisk oplevelse til meget rimelige priser.

Da vi var ved at være færdige, kom Franco personligt rundt og hilste på alle gæsterne, så jeg fik lige en selfie med ham. Det var under en hedebølge med over 40 grader, så jeg havde det sgisme lidt varmt, som nok kan ses på billedet med Franco. Da vi gik, stoppede Franco os lige, og vi fik et kort med hans fulde opskrift på *Margherita Sbagliata*, hvorpå han også lige gav os sin autograf.

---

[78] https://maps.app.goo.gl/mbwtnGjgu9Qpuu3QA

[79] https://tinyurl.com/2rrkvkne - OG - https://thebestchefawards.com/the-best-pizza/ (#1 tre år i træk!)

Fotografi 23: Franco Pepes gourmet-*pizza napolitana a canotto "Margherita Sbagliata"*
(Den fejlagtige Margherita-pizza) hos restaurant "Pepe in Grani" i Caiazzo, Italien.

Kan man så slet ikke få ordentlig pizza i Danmark?

Jo da – men man skal lige lede lidt efter dem! I tv-serien "Ugly Delicious" med David Chang på Netflix havde jeg set ham i første afsnit besøge restaurant "Bæst"[80] i Danmark, som laver surdejspizza og deres egen mozzarellaost. Et andet dansk sted med surdejspizza, som jeg havde set anbefalet i en YouTube-video, var restaurant "Surt"[81]. Begge restauranter ligger i København.

Så da jeg så dem begge listet på Top-100 i verden for 2023[82] med hhv. en 13.-plads til "Bæst" og en 89.-plads til "Surt", så tænkte jeg, at vi hellere måtte besøge dem. "Bæst" fik også en 2.-plads i 2023 for bedste pizzeria i Europa[83], mens "Surt" har fået en 20.-plads i 2023 og en 13.-plads i 2024 for bedste pizzeria i Europa. Guiseppe Oliva fra "Surt" er desuden med på listen for The Best Pizza Chef 2023[84]. Ret fedt, at Danmark kan følge så godt med internationalt på gourmet-pizza!

Derfor planlagde min kammerat Leon og jeg en smuttur til København i slutningen af sommerferien 2023 kort efter min tur til Italien for at prøve disse to steder. Vi besøgte først "Surt" og så "Bæst" på samme dag med en lille pause imellem. Det var supergode pizzaer begge steder – ægte gufmad!

---

[80] https://maps.app.goo.gl/PEqa1CA4RDKm7GEW8

[81] https://maps.app.goo.gl/xELLSzoYyFgZRV2x7

[82] https://www.50toppizza.it/50-top-world-2023/

[83] https://www.50toppizza.it/50-top-europe-2024/ - OG - https://www.50toppizza.it/50-top-europa-2023

[84] https://thebestchefawards.com/top100-the-best-pizza-2023/ (plads #49)

Fotografi 24: *Pizza napolitana a canotto* "Hindsholm" (salsicciapølse, bøffelmozzarella, porre, syltet chili og 33 måneder lagret Parmigiano Reggiano) på restaurant "Surt" i København.

Fotografi 25: *Pizza napolitana a canotto* "#2 BÆST n'duja" (stærk n'duja, røget mozzarella, rødløg og frisk oregano) på restaurant "Bæst" i København.

Aarhus har også nogle få gode steder, f.eks. den nordisk prisvindende[85] restaurant "Melværket"[86] samt den lille "pizzakæde" af tre pizzeriaer kaldet "Surdejspizzeria"[87] (La Casa di Antonio).

Selv i Skanderborg ligger der en god italiensk restaurant kaldet "Maria Rosa"[88], som laver stilen *pinsa romana*. Deres bund er lækker sprød og luftig i forhold til de sædvanlige pap-pizzaer med tørre kanter fra almindelige pizzeriaer. Klart et besøg værd, hvis du er i området!

[85] https://www.sveba-dahlen.se/sv/nyheter/resultat-pizza-champion-cup-2024

[86] https://maps.app.goo.gl/67MPNBMk9tzCt59w9

[87] https://www.surdejspizzeria.dk/ - OG - https://maps.app.goo.gl/awUGhKFARLqiYoEZ6

[88] https://maps.app.goo.gl/ck1FCbmxFGLUxdmY7

Endda helt oppe i Thy i Nordjylland ligger der et pizzeria i Thisted kaldet "Porto"[89], hvor der serveres nordisk prisvindende[90] og lækker napolitansk pizza.

Min far tog forbi "Porto" og bekræftede kvaliteten i juni 2024 på en tur hjem fra Skagen, hvor han prøvede den lokalt berømte pizza "Della Casa" med oksefiletstrimler, cherrytomater, rucola, salt, ristede pinjekerner og parmesan.

I Odense ligger der et *pinseria* kaldet "Pinsame"[91], hvor de laver ægte *pinsa romana*, som er certificeret under Dall'Associazione Originale Pinsa Romana[92] (Foreningen for Original Pinsa Romana). Lækker pinsa med sprød bund, der var meget lig den, som vi fik i Rom hos "Pinsum Pinseria Romana".

---

[89] https://maps.app.goo.gl/J5jzWL3tna2Mte3b7

[90] https://tinyurl.com/bdhcxyf6

[91] https://maps.app.goo.gl/J2JrT8ECtfZoCGuz9

[92] https://www.pinsaromana.org/mappa-pinserie-originali/

I vejle ligger der en lille "kæde" af en italiensk familierestaurant kaldet "Enzo & C"[93] med tre spisesteder – to nede i byen[94] og et ude nord for Vejle ved motorvejsstoppet DTC[95] (E45's exit 59, Hornstrup). Min far og jeg besøgte sidstnævnte, det var lækker pizza-gufmad ude ved motorvejen! Desværre var kanterne mørke og brændte to dage senere, da min far tog venner med forbi dem.

Fotografi 26: *Pizza napoletana classica* "Prosciutto" hos "Enzo & C" i Vejle.

Pizzeria "MaMeMi"[96] på Vesterbro i København er i 2024 blevet indplaceret på en 23.-plads for bedste pizzeria i Europa[97] (udenfor Italien), så de er helt klart også et besøg værd – specielt som et blandt de få pizzeriaer udenfor Italien, der laver *pizza romana tonda*-stilen med tynde og sprøde pizzaer. Lækker *pizza romana tonda* med spændende fyld!

---

[93] https://www.enzo-c.dk/

[94] https://maps.app.goo.gl/bZNRkekcsVQJe9tU6 - OG - https://maps.app.goo.gl/s1NhJFZXc2PwEuhN9

[95] https://maps.app.goo.gl/idXKA6E6BjF9tHsF8

[96] https://maps.app.goo.gl/6dKBBFN5CNBeMCRH8

[97] https://www.50toppizza.it/50-top-europe-2024/

Fotografi 27: *Pizza romana tonda "Guanciale"* (saltet svinekæbe, karamelliserede løg, provola-ost, skiver af æbler og balsamico-glasur) på "Pizzeria MaMeMi" i København.

Hvad er forskellen på gourmetpizza og andre pizzaer?

Som jeg håber skinner igennem ovenstående, så er der mange stile af pizza og mange typer af pizza, som alle kan være gode, hvis lavet korrekt. Smag og behag er forskellig, ingen stil er bedst. Derfor giver det ikke mening at lave smagsanalyser af pizzastilene, som jeg plejer, da typen af pizza med fyldet definerer smag og smagsoplevelsen. En type af pizza er en *Margherita*-pizza med tomat, ost og basilikum, som kan være i stilen ***pizza romana tonda*** med tynd bund og lille kant, men den kan også være lavet i **napolitansk** stil med store luftige kanter eller med en tyk luftig bund i stilen ***pizza romana al taglio***. Hvis man så vælger at anvende meget specielle, eksklusive og delikate tomater som f.eks. typen *piennolo di Vesuvio*[98] eller *antico pomodoro riccio di Caiazzo* (som Franco Pepe anvender til sin *Margherita Sbagliata*) samt kombinerer dette med en ekstra smagfuld Parmigiano Reggiano lagret[99] i måske 30 måneder eller mere, så får man sikkert en ret speciel pizza *Margherita* med velsmagende fyld.

Men for at opnå en gourmetpizza skal tingene gå op i en helhed, så bund-stilen med dens smag og konsistens matcher fyldet godt – der kommer en balance i smagen med syrligheden fra gæren og enzymerne i dejen, som passer sammen med sødmen fra tomaterne, fedmen fra parmigiano- og mozzarellaosten samt smagsnuancerne fra de specielle tomater og den lagrede parmigiano.

Det er derfor altafgørende for en god pizza, at man sikrer en god bund. Alle kan hælde dyrt og specielt fyld på en pizza uden megen kompetence, men at lave en god bund og balancere smagsindtrykkene kræver ekspertviden og erfaring. Heldigvis er mange gode smagskombinationer blevet klassikere, mens mange andre desværre er drevet af kundernes trang til at "få mest for pengene". Man ser ikke "Meat Lovers"-pizza på menuerne i Italien, da det ikke giver mening at overfylde en pizza, så smagen ikke er balanceret. At lave en fantastisk bund kan være en videnskab i sig selv, men det er slet ikke så svært at lave en ganske god bund, hvilket ses i opskrifterne senere. Lad <u>ikke</u> teorien herefter afskrække dig – det er, blot for at du skal få en god forståelse.

---

[98] https://www.youtube.com/watch?v=HAdG4LwcDZA

[99] https://www.italiaregina.it/parmesan-aged/

4.1. Pizza-teori – hvordan kan mel, vand, gær og salt være så svært?

For at få luftig og velsmagende pizza og brød, så anvendes der en fermentering. I gamle dage var det mest surdej eller lidt af gårsdagens dej, der blev anvendt, men siden er gær jo blevet meget mere tilgængeligt og kan købes i alle supermarkeder enten frisk eller tør.

Gær[100] er en encellet mikroorganisme fra svamperiget. Den spiser sukker i dejen og formerer sig, mens den frigiver CO_2 og alkohol (ethanol/ætanol), som gør, at dejen hæver og bidrager med smag. Gæren formerer sig ved deling og fordobler sig selv på ca. 1½ time ved stuetemperatur[101].

En surdej[102] har desuden nogle bestemte mælkesyrebakterier, som lever symbiotisk side om side med gæren, hvor de sammen skaber et surt miljø, så kun disse to kan overleve – andre bakterier og svampe vil dø hen. Disse bakterier skaber nogle andre (let syrlige) smagsnuancer end gær alene, hvilket er karakteristisk for pizza og brød bagt med surdej.

Når mel og vand blandes, så aktiveres der nogle enzymer (alfa- og beta-amylase) i melet, der via en amylolytisk[103] proces nedbryder de komplekse kulhydrater i melet til mere simple sukkertyper. Derved skabes næring til gæren, mere (sød) smag til dejen samt sukker til Maillard-reaktionen, så kant og bund bedre brunes og dermed får endnu mere god smag.

Man kan kickstarte den amylolytiske proces ved blot at blande mel og vand en halv eller en hel time, før dejen laves med gær og salt. Dette kaldes autolyse[104]. Det har også den fordel, at mere vand optages af melet, før dejen skal æltes, og den derfor vil være mindre klistret.

---

[100] https://da.wikipedia.org/wiki/G%C3%A6rsvamp

[101] https://www.quora.com/How-quickly-does-yeast-reproduce

[102] https://da.wikipedia.org/wiki/Surdej

[103] https://en.wikipedia.org/wiki/Amylolytic_process

[104] https://en.wikipedia.org/wiki/Autolysis_(biology)

Det er faktisk ret komplekse biologiske processer, men for os, der vil lave pizza, giver det vigtig viden, som skal tænkes ind i planlægningen, uden at vi behøver at forstå alle detaljerne i dybden.

Det vigtige at forstå er, at gær hæver dejen på få timer, mens det tager mange timer eller døgn for amylolyse at nedbryde melets komplekse kulhydrater til simple sukkertyper og dermed modne smagen både via sukker til dejen og sukker som spises af gæren, som frigiver alkohol og CO_2.

Så for at få timingen til at passe mellem nedbrydningen af komplekse kulhydrater, udviklingen af smag og gærens formering, så vil man enten bruge meget lidt gær til at starte med eller stille dejen på køl i noget af tiden for at hæmme gærens formering. Gær formerer sig stort set ikke ved lave temperaturer, mens enzymerne stadig kan foretage amylolyse og modne dejen om end en smule langsommere end ved højere temperaturer.

I klassisk napolitansk pizza vil man lave dejen om morgenen med meget lidt gær, typisk blot et halvt gram, og så lade dejen stå ved ca. 18° i et køligt rum ca. 8 timer, indtil den skal bruges om aftenen. Men en generelt mere udbredt og praktisk måde er at lade dejen ligge på køl i et køleskab i en eller flere omgange og i op til flere døgn. Hvis dejen har brug for flere omgange og flere døgn, så vil man skulle anvende et meget stærkt mel som f.eks. manitobamel med et højt proteinindhold (over 14 %). Fordelen ved dette mel er, at det giver pizzaen en mere kompleks og raffineret smag end med det meget simple "Tipo 00"-mel, der typisk bruges til napolitansk pizza, og det kan desuden absorbere mere vand.

Evnen til at holde mere vand er vigtig for at udvikle en blød og luftig dej – uanset om det er ved en napolitansk pizza eller en *pizza romana al taglio*. Det meste af vandet optages af melet og gelatinerer under bagningen, så dejen sætter sig, mens resten bliver til damp, der udvider sig og laver luftbobler i dejen sammen med CO_2'en, som gæren har frigivet. Nedenfor ses en simpel tabel med pizza og pasta relateret til dejens vandindhold i forhold til melet (hydration).

Hydration	33-60 %	40-60 %	55-70 %	60-80 %	80-100 %
	svær at rulle ud		**fin at arbejde med**		**klisteret og svær at blande**
	Japanske ramennudler[105 & 106]	Italiensk pasta	Pizza romana tonda	Pizza napolitana	Pizza romana al taglio

Tabel 01: Hydrering af forskellige italienske pizza-typer og pasta samt ramennudler.

Når man normalt snakker om mængden af ingredienser i en bageopskrift, herunder pizza, så vil man typisk anvende det, som man kalder *bakers percentage*. Hermed menes, at man ser på, hvor meget ingredienserne vejer i procent af melets vægt. Så hydration på 50 % betyder, at for hvert kilo mel anvendes der 500 g vand. For japanske ramennudler beregner man dog hydrering baseret på den samlede vægt og ikke med *bakers percentage*, så 25 % hydrering ved ramennudler svarer ca. til 33 % ved *bakers percentage*.

For at holde på såvel luft, luftboblerne af det opvarmede vand som CO_2'en i dejen, så er det vigtigt at udvikle dejens glutennetværk. Gluten udvikler sig, når proteinerne[107] glutenin og gliadin aktiveres og danner et netværk at strenge, der virker som et net. Dette net kan holde luft, damp og CO_2 fanget, således at dejen hæver. For at aktivere gluten hurtigere vil man normalt ælte dejen, men gluten udvikles også, når vand tilføjes til melet, bare det får tid nok og trækkes lidt i (*no-knead method*)[108].

Organisationen AVPN[109] (Associazione Verace Pizza Napoletana – dvs. Foreningen for Ægte Napolitansk Pizza) har meget strenge krav til, hvordan man laver en ægte napolitansk pizza. Da disse krav stort set er umulige at overholde, så vil jeg i denne bog ikke alene anvende koldmodning

---

[105] https://www.seriouseats.com/how-to-make-low-hydration-ramen-noodles

[106] https://www.yamatonoodle.com/noodle-master-labs/the-best-way-to-make-ramen-noodles/

[107] https://www.ernaeringslinjen.dk/tag/gliadin/

[108] https://nokneadbreadcentral.com/history/

[109] https://www.pizzanapoletana.org/en/ricetta_pizza_napoletana

af dejen i køleskab, men også anvende en præfermentering eller fordej. Det handler om at gøre det nemmere for amatører at lave god mad. Men selv om opskrifterne afviger lidt fra den helt ægte vare på et pizzeria i Napoli eller Rom, så kan vi lave supergode pizzaer med lidt moderne teknik, og de skal jo også kunne laves med fornuftigt resultat i en almindelig ovn på bageplade, bagestål eller pizzasten. Vi har jo oftest ikke lige en ægte pizzastenovn stående i baghaven.

I tabellen på forrige side ses de tre stile af pizza, som jeg har valgt at tage med i bogen. Jeg starter med den lidt nemmere stil fra Rom kaldet **pizza romana tonda**, der har en lav hydration på typisk 55-65 %, og som kan rulles ud med en kagerulle. Den bliver helt flad med sprød kant og bund. Vi bruger her en fordej eller præfermentering, dvs. vi laver en nem dej dagen før, som kan udvikle smagen, mens den står natten over i køleskabet. Der findes forskellige typer af disse, bl.a. surdej og BIGA, men den nemmeste er i mine øjne en *poolish*. En poolish består af lige dele vand og mel samt noget gær og lidt sukker/honning/sirup, som røres sammen med en gaffel og står en time ved stuetemperatur, for at gæringen kan komme godt i gang. Derefter sættes den typisk i køleskabet 16-24 timer. Man kan også vælge at lave en poolish med meget mindre gær og lade den udvikle sig ved stuetemperatur i ca. 6-8 timer, men fordelen ved køleskabet er, at det bedre kan passe sammen med normale arbejdstider, da timingen er meget mere fleksibel.

Derefter går jeg i gang med den klassiske **pizza napolitana**, hvor hydration normalt ligger på 62-65 % ved anvendelse af tipo 00-mel. Man kan med stærkere mel og længere fermentering gå op til 80 % hydrering (nogle få eksperter går helt op til 85 %). Igen bruger vi en poolish til at udvikle smagen. Her skal man lære at forme pizzaen med hænderne ved at mase luften i dejen ud til kanten, så man får en tynd bund med luftig kant. En napolitansk pizza vil normalt blive bagt ved ca. 450 grader i en pizzaovn, men når man laver den i hjemmeovnen ved 250°-275° på bagestål eller pizzasten, så vil man med fordel kunne tilføje lidt olivenolie til dejen til sidst. Olien leder bedre varmen ind i dejen og gør dejen mere smidig. Tilføjes olien i starten, vil den kunne forhindre melet i at optage vandet – så bland altid olien i til sidst!

For at ælte dejen anvender vi metoden *"slap and fold"* af Richard Bertinet[110], hvor man gentagne gange trækker dejen ud i siderne, mens man løfter den, svinger den frem, klasker den ned i bordpladen, strækker den op og folder den over sig selv. Denne metode læres hurtigt.

Endelig gennemgår jeg, hvordan man laver den romerske **pizza romana al taglio**, der har høj hydration og bages i en bradepande. Da der er ca. 80 % hydration, vil man have svært ved at ælte den uden en kraftig røremaskine. Det vil også næsten være umuligt at ælte dejen i hånden, da den er for klistret. Men med tid og ved i stedet at bruge teknikken *"stretch and fold"*[111] kan man alligevel udvikle dejen og glutennetværket uden en røremaskine. Dette gøres ved at trække i dejens sider og folde den ind over sig selv, hver gang der er gået ca. 30 minutter. Så vil glutennetværket udvikle sig over tid, dvs. man skal gøre det ca. seks-syv gange over tre timer. Derefter kan man lade dejen hvile og få modningstid i køleskabet på et døgn eller to.

Når folk efterlyser en god, men hurtig dej til pizza, hvilket ofte sker i Facebook-gruppen "Pizza Club Nordic", så vidner det om manglende forståelse af, hvordan dej og smag udvikler sig. Ja, man kan lave en simpel dej og lade den hæve 2 timer, men så vil dejen slet ikke være modnet, da de komplekse kulhydrater i melet ikke er blevet nedbrudt. Glutennetværket vil desuden være meget spændstigt, så dejen vil typisk være meget svær at forme, uden at den trækker sig sammen igen.

Dette kan naturligvis omgås med pizza- eller bageenzymer (eller blot nogle få dråber friskpresset ananas-, kiwi- eller papayajuice!)[112], men dejen har stadigvæk ikke udviklet smagen betydeligt og vil i italienernes øjne være sværere at fordøje, da melet ikke er nedbrudt. Hvorfor spilde tid med at lave sin egen dej og så ikke lade den udvikle sig til en superlækker dej? – så er det da meget nemmere blot at købe en færdig pizzadej som ruller i supermarkederne eller som bolde af pizzadej hos et pizzeria, så sparer du også rengøringen. Men det er jo i sidste ende op til den enkelte...

---

[110] https://www.youtube.com/watch?v=cbBO4XyL3iM

[111] https://www.youtube.com/watch?v=HprDjPWuiN8

[112] https://www.youtube.com/watch?v=e91F6fMgqeg&t=460s

Som afslutning på denne ultrakorte "teori" om pizza vil jeg lige kort forklare brugen af og formålet med nogle få udvalgte ting eller begreber i pizzaverdenen, som du kan støde på:

Diastatic Malt Powder – giver enzymer til dejen ligesom pizza- eller bageenzymer, så dejen nemmere kan strækkes ud. Malt og maltsirup giver desuden lidt sukker og farve til dejen.

Hvedekimolie – anvendes til at give den naturlige olie fra hveden tilbage til dejen, som blev taget ud, da kornet blev malet og hvedekimet sorteret fra for at øge melets holdbarhed. Dette kan anvendes i stedet for f.eks. fuldkornhvedemel til at give bedre og mere smag i dejen.

Gær – findes som frisk gær og som tørgær. Man anvender typisk to til tre gange så meget frisk gær som tørgær for at få samme effekt i en opskrift. Der er tale om den helt samme gærorganisme, så de kan udskiftes med hinanden helt uden problemer, men blot med forskellige mængder. Både frisk gær og tørgær kan blive for gammel. Frisk gær skal gerne kunne smuldre fremfor at være klistret (se også datomærkning). Tørgær kan testes i noget vand med lidt sukker for at se, om det bobler efter et par minutter. Bedre at teste, inden man laver en masse pizzadej og skuffer sine gæster næste dag med uhævet fladbrød!

Mel – Tipo 00-mel er meget fintmalet mel med et middelhøjt proteinindhold. Kaldes også ofte for pizza-mel. Der er dog andet mel, som anvendes til pizza, f.eks. tipo 0-mel, der er knap så fint malet, men som har lidt mere protein. Endelig er der manitobamel, som har meget højt proteinindhold. Der er forskellige betegnelser for mel i verden. I USA skelner man mellem *all purpose flour* og *baking flour*, hvor *baking flour* oftest svarer til tipo 0-mel. Her i Danmark har vi ligesom amerikanerne almindeligt mel og bagemel. Det er dog nemt at finde tipo 00-mel i supermarkederne. Hold dog lige øje med proteinindholdet – det skal gerne være over 12 %. For at betegne, hvor stærkt melet er, bruges specielt i Italien det, som kaldes en W-værdi. Selv om der er en direkte sammenhæng mellem proteinindhold og W-værdien, så er det godt at se på W-værdien i melet. Stærkt mel som manitobamel ligger på W300 eller højere, tipo 0 ligger på W270-

W300, normalt tipo 00-pizzamel ligger typisk på W250-W270, almindeligt mel ligger typisk på W160-W250, mens kagemel ligger på W90-W160.

Hvedesur – er til, hvis man gerne vil tilføje dejen smagen af surdej uden at skulle lave og holde liv i en rigtig surdej. Typisk anvendes en spiseske hvedesur pr. pizza. Kan ikke erstatte gær!

Direkte dej – er, når man blander mel, vand, gær og salt i samme omgang for at lave dejen i "et hug". Dette er modsat, hvad man gør med en fordej/præferment.

Fordej/præferment – er, når man tilføjer en mængde dej som allerede er fermenteret i forvejen, f.eks. en surdej, en *poolish*, en BIGA eller en dejrest af gårsdagens dej. Dette er modsat brugen af en direkte dej.

Røremaskine – er til at røre dej og fars med. Nogle har enheder at sætte på, så de også kan være en kødhakker eller til at lave pølser med. I pizzabagning er det specielt godt for at udvikle gluten i større mængder af dej. En spiralmikser (typisk 5-20.000 kr.) er det ultimative til at lave pizzadej med, da den har mere kraft end en almindelig røremaskine (typisk 1-4.000 kr.).

Degassing – er, når man slår dejen ned efter en hævning. Derved vil dejen hæve igen med mere ensartede luftbobler, skulle det være ønskværdigt.

Retarding – er, når vi opbremser gærens fermentering. Det sker typisk ved at sætte dejen på køl.

Modning og fermentering – er, når den samlede dej modnes over tid for at udvikle smag. Typisk sker dette mest i køleskabet for at hæmme gæren. Det kaldes også for *bulk fermentation*. Har man brugt en stor andel fordej/præfermentering, så vil modningen af den samlede dej ofte blot behøve en time eller to tildækket i en skål ved stuetemperatur til yderligere modning. Tiden til modning og fermentering afhænger af temperaturen, meltypen og mængden af gær i starten, og når alt melet er nedbrudt af gæren, så bliver dejen ikke bedre med yderligere tid (*overproofing*).

Hævning – er, når pizzaboldene er formet og man ønsker, gæren skal udvikle CO_2. Så lader man dem hæve tildækket ved stuetemperatur i 2-4 timer. Man kan i nogle tilfælde vælge at lade pizzaboldene fermentere igen på køl (dobbelt fermentering), før de tages ud til hævning. Man vil her typisk lade dem hæve 3-5 timer, da de er kolde fra køleskabet.

Melbad – er en skål eller kasse med mel, til når pizzaboldene skal formes. Det gør det nemmere at genbruge melet fremfor at hælde det ud på bordet. Man bruger typisk semolamel, evt. lige dele semola- og tipo 00-mel. Man kan også prøve at anvende rismel for en ekstra sprød bund.

Bagestål/pizzastål/pizzasten – bruges til at have varme oplagret for bedre at tilberede bunden af en pizza. Hvor en almindelig bageplade hurtigt afgiver al sin varme, vil en pizzasten eller lavasten holde på meget mere varme. En 6 millimeter tyk stålplade holder på mere varme, end sten kan, og den kan overføre varme bedre, så den virker mere ligesom en varmere bund i en rigtig pizzaovn.

Brugen af to bagestål for at lave et lille kammer, hvor pizzaen bages i med høj strålevarme (radiation) på oversiden, bliver anbefalet af mange for bedre at simulere en rigtig pizzaovn. Jeg finder ikke, at det virker særlig godt, da ens udsyn til pizzaen begrænses for meget, når lågen lukkes, og der ikke er den store forskel i min ovn, om den er bagt med et eller to bagestål.

Andre anbefaler, at man bruger ovnens grillfunktion og samtidigt placerer bagestålet eller pizzastenen ca. 15 cm fra toppen på en af de øverste ribber. Igen for at skabe mere direkte strålevarme, men med min ovn synes jeg igen ikke, at det gør den store forskel, det øger blot risikoen for, at min pizza brænder på. Det virker bedre at *para-bake*, dvs. halvbage eller forbage med kun tomatsauce på dejen i starten. Det er en hårfin balance, for dejen sætter sig nemt, når den tages ud. Så man skal time det præcist, så dejen har fået lov at udvikle sig og hæve (*oven spring*), men samtidigt skal den kunne tåle bagetiden bagefter sammen med fyldet, uden at den får for meget.

Bagningen i en hjemmeovn ved lavere temperatur end i en rigtig pizzaovn gør, at pizzadejen bages langsommere og tørrer mere ud. Derfor kan man med fordel have højere hydration for at modvirke udtørringen. Men man kan ikke opnå helt samme hurtige effekt som i en pizzaovn, hvor kanterne vokser lynhurtigt, da den høje og hurtige varme i en pizzaovn får noget af vandet i dejen til at udvikle sig til damp, som strækker dejen, inden den når at gelatinere og sætte sig.

Biscottosten – er en speciel sten lavet af ler blandet med vulkansk aske, som bevidst leder varmen lidt dårligere end normale pizzasten, mens den stadig holder på stor varme. Dette gør det muligt i de meget varme ovne til napolitansk pizza, at bunden ikke får så høj varme og brænder på. Til andre pizzatyper eller i hjemmeovn vil den normal være mindre anvendelig og give lysere bunde.

Pizzaovn – er i Italien en stor og rigtig murstensovn med en stor kuppel og til at brænde træ i. Til brug i hjemmet er der nu små pizzaovne, som enten er fyret med gas, træpiller og/eller træstykker, eller de er elektriske. De billigste og mindste kan anskaffes fra ca. 900 kr.

Dem med gas kan fås med I-, L- eller U-formet brænder, dvs. enten er flammerne kun i den ene side eller bagenden (I-formet), de er i den ene side og i bagenden (L-formet), eller de er på begge sider og i bagenden (U-formet). Formen af brænderen afgør, hvordan pizzaerne kan bages. L-formet kræver færre vendinger af pizzaen under bagning, ved L-formet og I-formet kan man bedre rykke pizzaen lidt væk fra flammerne, mens U-formet formodentlig bager mere homogent. De nyeste modeller har roterende pizzasten, så her kan man ikke rykke pizzaen væk, uden at noget andet af den kommer tættere på flammerne, hvorfor man hellere skal styre det med temperaturen.

Lasertermometer – anvendes til at måle temperaturen på pizzasten forskellige steder. Også meget anvendelig til temperaturmåling ved anden madlavning (f.eks. at teste "holde varm"-funktionen).

Leopardpletter – er typisk tegnet på, at en napolitansk pizza er bagt ved den rette temperatur. Ikke at forveksle med store sorte forbrændingspletter eller små sorte pletter i dejen (kaldes ofte en "mæslinge-pizza"), som typisk er tegn på, at dejen var for kold, da den blev bagt.

Bagerist – er en rist til at placere pizzaen på ca. 30 sekunder lige efter bagningen, så varmen fra bunden kan slippe væk og bunden forbliver sprød. Lægges den på en tallerken eller et skærebræt, så vil varmen ikke kunne slippe væk og gør derfor bunden mere blød.

Åbne dejen – er, når man former en pizzabold om til en pizzabund med hænderne eller en kagerulle. Dejen skal gerne være nem at arbejde med, dette kaldes, at dejen er afslappet.

Reballing – Når pizzabolde har ligget for længe, hvis man har lavet for mange, eller hvis man fejler i sin formning af dem, så kan man blot lave dem om til pizzabolde igen (de bliver *degassed*). De vil typisk hæve igen på bare en times tid, eller de kan lægges på køl, for at man kan have dem klar næste dag (*retarding*).

Temperatur – Der snakkes for dejen ofte om RT og CT, dvs. stuetemperatur/*room temperature* (20°-24°) og i køleskab/*cold temperature* (4°-6°). Fyldet på pizzaerne bør have stuetemperatur.

Tomatsauce – Man bruger ikke en blender i Italien (modsat USA) til at knuse tomaterne, da dette vil åbne de små kerner i tomaterne, som skaber en bitter smag. Man knuser i stedet med hånden eller i en madmølle. Saucen er "rå" fra dåse blot tilsat lidt fint havsalt og evt. revet frisk basilikum. Man kan vælge at koge saucen for at fordampe noget af væsken og derved gøre den tykkere og intensivere smagen, men så mistes typisk noget af syrligheden, og den bliver mere sød.

Olivenolie – bruges til at gøre dej mere smidig, leder varmen ind i dejen og bibringer god smag.

For at komme godt i gang med pizza i hjemmet kan jeg varmt anbefale disse tre gode bøger. De er igen udvalgt med tanken om at gøre det nemmere for amatører at lave god mad (pizza):

Fotografi 28: Udvalgte bøger om pizza[113, 114 & 115].

---

[113] Gemignani, Tony (2014), *The Pizza Bible: The World's Favorite Pizza Styles, from Neapolitan, Deep-dish, Wood-fired, Sicilian, Calzones and Focaccia to New York, New Haven, Detroit, and More*, Ten Speed Press, USA.

[114] Associazione Verace Pizza Napoletana (2015), *Flour, Water, Yeast, Salt and Passion*, Malvarosa Editions, IT. Se https://www.pizzanapoletana.org/en/libro_avpn_farina_acqua_lievito_sale_passione

[115] Vetri, Marc & David Joachim (2018), *Mastering Pizza: The Art and Practice of Handmade Pizza, Focaccia, and Calzone*, Ten Speed Press, USA.

Den første bog er "The Pizza Bible" af Tony Gemignani med opskrifter på pizza fra USA og Italien. Tony er en af de førende pizzaioloer i USA og meget respekteret, for han var den første person uden for Italien til at vinde deres verdensmesterskab[116] i napolitansk pizza i Napoli.

AVPN har udgivet en lækker bog om napolitansk pizza, hvor man også kan se mange af de klassiske typer af pizza fra Italien.

Endelig har Marc Vetri skrevet en rigtig god bog, hvor den også er en af de eneste bøger, som jeg har fundet, der også dækker de romerske pizzaer. Han har faktisk besøgt nogle af de samme steder, som jeg har (Bonci Pizzarium og Pepe in Grani).

Jeg har igen lavet playlister om pizza til at inspirere dig, så søg efter disse to:
- "Gufmad2 - Pizza Napolitana"[117]
- "Gufmad2 - Pizza Romana"[118]

Pizzakurser online, som kan anbefales, er Vito Iacopelli's Masterclass[119] om napolitansk pizza og Nick Anderer, der via Skillshare tilbyder en klasse i *pizza romana tonda*[120]. AVPN sælger også nogle gode videoer[121] om at lave ægte napolitansk pizza. Vittero Batassa har et ganske billigt kursus, som primært dækker *pizza romana al taglio*[122].

---

[116] https://www.youtube.com/watch?v=IyfktmYqbRo&t=742s

[117] https://youtube.com/playlist?list=PLbIY2LRmJZ9fXdu5y_4g6KydIDNWjelQa

[118] https://youtube.com/playlist?list=PLbIY2LRmJZ9dNVtmnttoWoVrVpYwQq4Ku

[119] https://master-class.pizza/

[120] https://www.skillshare.com/en/search?query=pizza (skillshare-abonnement nødvendig for adgang)

[121] https://www.pizzanapoletana.org/en/web_school/corsi_amatoriali_online

[122] https://www.pizzaskill.com/online-pizza-masterclass/

4.2 Pizza romana tonda – pizza Margherita som sprød, rund og flad romersk pizza

Den første stil af pizza, jeg viser, er den tynde, runde og sprøde *pizza romana tonda*. Det er en pizzadej, som typisk har en hydrering på 55-65 %, selv om nogle laver dem med lidt højere hydrering. På 55 % hydrering er det en nem dej at begynde med, og samtidigt øger det chancerne for, at du får en supersprød pizza.

INGREDIENSER (2 pizzaer a 180 g)
2 g tørgær eller 5 g frisk gær
3 g sirup, honning eller sukker
240 g tipo 00-mel (eller bagemel), f.eks. Caputo Pizzeria (proteinindhold på >12 %)
132-145 g koldt vand fra hanen
(dvs. 55-60 % hydrering – start evt. med 55 %, og nå senere 60 %)
5-7 g salt (2-3 % i forhold til melet samlet)
Evt. 2-3 spiseske olivenolie
Frisk mozzarella/bøffelmozzarella og Parmigiano Reggiano (eller Grana Padano)
1 dåse cherrytomater eller blommetomater (kun under halvdelen bruges til 2 pizzaer)
Evt. friske blade af basilikum og evt. lidt god olivenolie til at hælde forsigtigt ud over pizzaen

UDFORDRINGER & TRICKS
Vi bruger poolish for at udvikle smagen, men man kunne også lave det som en direkte dej. Det nemme ved at lave en poolish er, at vi kan lave den på 5 minutter aftenen før uden noget besvær og rengøring. Det er bogstaveligt talt bare lige dele vand og mel sammen med lidt gær og honning.

Man skal ikke hælde for meget fyld på denne type pizza, da bunden er meget tynd. Normalt bages denne type pizza ved 350 grader, så det kan næsten ikke betale sig at lave den i en pizzaovn – en almindelig varmluftovn med et bagestål eller en pizzasten er næsten lige så godt. Har man ikke en af dem, kan en plade i ovnen bruges, men lad den varme op med ovnen og overfør pizzaen til den, ligesom man gør med bagestål og pizzasten. Jeg bruger bagepapir, så det er nemmere.

TILBEREDNING

Du starter med at lave en poolish som præfermentering. Rør gær og sirup ud i 100 g vand. Vent 5 minutter for at se, om det begynder at boble som på billedet. Sker det ikke, kan gæren være for gammel, og man skal starte forfra med noget andet gær.

Bland med en gaffel 100 g mel med de 100 g vand i skålen. Rør rundt, indtil alt melet er blevet vådt, så der ikke ligger noget tørt mel nogen steder på bunden eller siderne.

Lad det stå ude under låg ved stuetemperatur i 1 time. Det hæver en hel del blot i den time.

Sæt i køleskabet (CT) til næste dag – bedst mellem 16 og 24 timer. Næste dag vil poolishen være hævet til omkring dobbelt størrelse og være fuld af bobler.

Hæld poolishen over i en stor skål til æltning af dejen. Bedst er en skål med et låg. Du kan naturligvis også bruge en røremaskine med en dejkrog, men for denne dej er det næsten ikke rengøringsbesværet værd.

Tilføj resten af vandet (32 g), med saltet oprørt i, op til poolishen. Derefter tilføjes resten af melet. Ælt først i skålen og derefter på bordfladen. Det tager lidt tid at få alt melet absorberet i dejen.

Når det er æltet godt sammen, tilføjes olien, og den æltes godt ind i dejen. Derefter dækkes dejen til, og den står i en time for at modne og fermentere yderligere (*bulk fermentation*).

Efter en time er dejen hævet en del. Man kan klart føle, at den er blevet mere luftig.

Nu skal dejen deles op i pizzabolde, og med denne mængde dej bliver det til to pizzabolde. Dette gøres nemt med en dejskraber eller en kniv. Med større mængder dej bør man veje boldene, så de alle bliver tæt på 180 g, men for blot to pizzabolde er det her nemt lige at gøre det på øjemål og med den følelse af vægt, de har i hænderne.

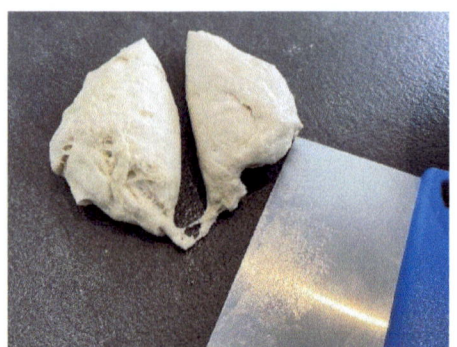

Fra nu af er det vigtigt at holde den glatte og udspændte top øverst hele tiden. Lav boldene ved at folde siderne ind under og op i bunden gentagne gange indtil overfladen strammes mere og mere op. Klem dem til sidst sammen nedenunder, så der ikke er åbninger. Boldene overføres til skåle eller bøtter med plads til, at dejen kan hæve til dobbelt størrelse. De skal nu hæve tillukket i cirka to timer ved stuetemperatur, og så er de klar til at lave *pizza romana tonda* med!

Placér et bagestål eller en pizzasten på en rist midt i oven. Varm ovnen til maksimum varme, din ovn kan trække (250°-300°), ca. 45 minutter før du skal til at bage dine pizzaer. Så det er ca. 1½ time, efter at du har sat pizzaboldene til hævning. Efter ca. 2 timer er pizzaboldene hævet en del.

Tag dejbolden ud af skålen, og læg den op i et melbad (eller i en bunke semolamel på bordet).

Vend pizzabolden i melet, og tag den op på bordet. Form den rund, så du starter med at "åbne" den fra en pæn rund form.

Mas først kanterne, så luften skubbes ind mod midten. Derefter mases midten, og man gør bunden større lidt efter lidt.

Tag en kagerulle, og rul ud fra midten ved at lave en fordybning i midten med kagerullen. Rul derefter ud mod kanten. Fortsæt og roter dejen 90 grader, gentag flere gange.

Når det bliver svært at rulle pizzadejen yderligere ud, så giv dejen en pause. Forbered tomatsaucen og osten, imens at dejen hviler. En dåse cherrytomater (eller andre gode hele og evt. flåede tomater) hældes i en stor skål og mases med fingrene. Tilsæt ca. en teske salt, og rør rundt.

 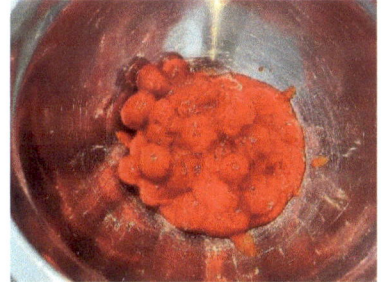 

Hæld vandet fra den friske mozzarella, og skær den i små tern eller strimler. Man kan med fordel have gjort dette dagen før og så lade stykkerne ligge i en si over en skål, så lidt mere af vandet drænes fra. Alternativt kan man bruge en mozzarella med mindre fedt og vand.

Pizzadejen rulles nu helt flad og overføres til et stykke bagepapir. Du kan evt. rulle den færdig på bagepapiret.

Tilfør først tomatsauce i et ret tyndt lag, så et drys parmigiano samt nogle blade frisk basilikum.

Hæld forsigtigt lidt olivenolie ud over, og læg derefter mozzarella direkte ovenpå basilikumbladene samt ud over resten af pizzaen.

Drys evt. med stødt tørret oregano, hvis du også kan lide det på pizza. Placer pizzaen i midten af din varmluftovn på bagestålet eller pizzastenen. Bag pizzaen i 3-5 minutter, og ellers se, hvornår den er klar. Tag den ud af ovnen, og stil den kort på en bagerist, så varmen fra bunden kan slippe væk uden at gøre bunden blød. Pynt evt. igen med friske blade basilikum og et let "drys" olivenolie. Som ses på billeder til højre, så opstår der måske bobler i dejen under bagningen.

Dette kan man forhindre lidt med en almindelig gaffel eller en *dough docker*, hvis det ønskes, hvor man så laver huller i dejen, så dampen kan slippe ud under bagningen. Samme teknik anvendes ofte ved desserttærter og franske quicher.

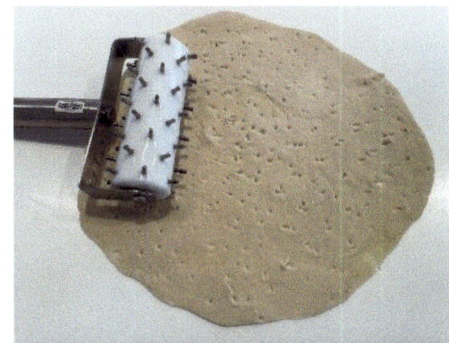

Fotografi 29: *Pizza romana tonda* "Margherita" bagt i almindelig ovn – lækker sprød romersk pizza!

4.3. Pizza napolitana – slut med kedelige kanter, Jaka-bov og revet gummiost!

Den næste pizzastil er en napolitansk pizza. Det er faktisk nemt at lave en velsmagende dej, der også er nem at strække. Igen bruges en præfermentering i form af en poolish. Opskriften kommer oprindeligt fra Vito Iacopelli[123], men jeg har øget andelen af poolish lidt, så der modnes lidt mere smag i dejen. Igen laver man poolish dagen før på 5 minutter, men samler dejen dagen efter.

INGREDIENSER (5-6 pizzaer)
5 g tørgær eller 10 g frisk gær
5 g sirup, honning eller sukker
800 g tipo 00-mel, f.eks. Caputo Pizzeria eller Caputo Nuvola (proteinindhold på >12 %)
496-544 g koldt vand fra hanen
(dvs. 62-68 % hydrering – start evt. med 62 % og nå senere 68 %)
16-24 g salt (2-3 % i forhold til melet samlet)
Evt. 2-3 spiseske olivenolie
1 dåse (helst) San Marzano-tomater til tomatsaucen (knuses i hænderne og tilsættes lidt salt)
Frisk mozzarella
Parmigiano Reggiano (evt. enten Grana Padano eller Pecorino Romano i stedet)
Kogt italiensk skinke (*prosciutto cotto*)
Blade af frisk basilikum

UDFORDRINGER & TRICKS
Siden dejen har lidt større hydration, vil den for nogen være lidt sværere at arbejde med, da den klistrer i starten. Det bedste trick er at lade dejen stå tildækket 15 minutter og så arbejde videre igen. For ved at give melet tid til at absorbere mere af vandet, så bliver dejen automatisk nemmere at håndtere og mindre klistret. Man kan vælge at bruge røremaskine, men som regel finder jeg besværet med rengøring for stor i forhold til den æltning, der i stedet skal gøres i hånden.

---

[123] https://www.youtube.com/watch?v=nsxBbfLSGQU

Man kan lade poolishen stå lidt længere ude ved rumtemperatur (RT), hvis man ikke kan give den tid nok på køl (CT). Så en tommelfingerregel er, at en time ude svarer ca. til 3 timer på køl. Kan man f.eks. kun lade den stå på køl i 13 timer, så lad den stå en ekstra time ude, før den sættes ind i køleskabet. Man skal dog også helst lige reducere mængden af gær lidt...

Brug af sukker og olie i dejen er ikke tilladt af AVPN. Men specielt ved bagning i almindelig ovn med bagestål eller pizzasten (som jo heller ikke er AVPN-godkendt), så vil olien gøre dejen mere smidig at arbejde med, sikre bedre varmefordeling i dejen under bagningen og gøre det nemmere at få en gylden kant ved en lavere temperatur. Sukker kickstarter desuden vores poolish og hjælper også med en gylden kant i almindelig ovn. Denne bog handler om at gøre det nemmere for amatører at lave god mad, så vi tilsidesætter AVPN, men tager inspiration og viden fra dem.

Hvis man bager i almindelig ovn, så går den typisk højest til 250-300 grader. Bages en pizza ved denne temperatur, så vil dejen skulle have længere tid end fyldet. Der sker derfor nemt det, at fyldet frigiver for meget væske, som giver en "suppe" på midten af ens pizza – *a soggy pizza*. For at løse dette problem kan man enten reducere væsken i fyldet på forhånd eller forbage (*para-bake*) bunden, så den er længere fremme i processen, når fyldet kommer på. Eller gøre begge...

For at reducere væske kan man stege sine grøntsager og kød for at dræne dem for væsker, safter og fedt. Læg frisk mozzarella i mindre stykker på en si natten over for at dræne noget af væsken ud. Eller anvend en mozzarella med lavere fedt og væskeindhold.

For at forbage (*para-bake*) pizzaen, så bages den kun med tomatsauce på i lidt over den halve tid af det, den normalt vil skulle bages. Den vil fint have hævet i kanten, og bunden er bagt, så den kan holde til fyldet. Derefter tages den i kort tid ud af ovnen og toppes op med fyld. Man kan evt. også pensle eller dryppe lidt olivenolie på kanten, så den bliver mere gylden til sidst.

De fleste begyndere vil nok finde det at forme (åbne) pizzabolden og at overføre den med fyld til ovnen (*launche*) som de største udfordringer. Se derfor videoerne i min YouTube-playliste "Gufmad

– Pizza Napolitana", øv dig med dej uden dyrt fyld, og test, at din pizza kan glide frem og tilbage frit på pizzaspaden inden *launch*. Så undgår du at lave en "Accidental calzone" (pizzaen krøller sammen ved *launch*), hvilket sviner bagestål eller pizzasten til med fyld, der brænder sig fast. Sidder den fast på pizzaspaden, kan man med en spatel skubbe lidt mel ind under, hvis det lægges ved kanten inden. Test altid, at pizzaen kan glide på pizzaspaden, inden den puttes i ovnen!

TILBEREDNING

Du starter med en poolish som præfermentering. Rør gær og sirup ud i 400 g vand. Bland med en gaffel 400 g mel og de 400 g vand i en høj skål med ikke for stor bund. Rør rundt, indtil alt mel er blevet vådt, så der ikke ligger tørt mel nogen steder på bunden. Lad det stå ude under låg ved stuetemperatur (RT) i en time. Sæt i køleskabet til næste dag – bedst mellem 16 og 24 timer. Næste dag vil poolishen være hævet til minimum det dobbelte og være fuld af bobler.

Hæld poolishen over i en stor skål til æltning af dejen. Bedst er en skål med et låg, ellers brug husholdningsfilm/plastfilm. Du kan naturligvis også bruge en røremaskine med en dejkrog.

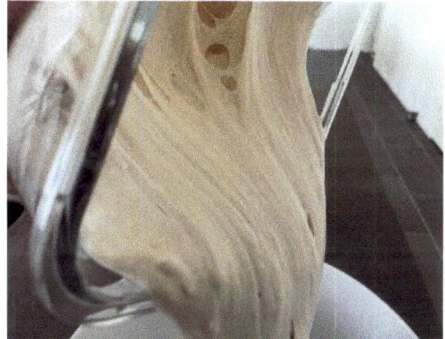

Tilføj resten af vandet til poolishen, og opløs den lidt. Derefter tilføjes resten af melet i 2-3 portioner. Når det er æltet godt sammen, tilføjes saltet.

Dejen vil være godt klistret, da den har en fugtighed på 65 % (vand i forhold til mel). Så vi dækker den til og lader den stå i 15 minutter. Derefter vil dejen være mindre klistret.

Vi kan med fordel tage dejen ud på bordet og ælte den. Dejen skal æltes nok til, at glutennetværket udvikles.

Man kan ælte på flere måder. Til napolitansk pizza anbefaler jeg Richard Bertinets "slap and fold"-metode (se evt. pizza-teori-afsnittet eller YouTube-playlisten "Gufmad2 – Pizza Napolitana"), hvor man løfter op under midten og lader enderne mødes under, hvorefter man trækker ud til siden lidt i toppen og svinger bunden frem, når den lægges på bordet. Derefter foldes midten henover enderne, og man gentager fra en ny vinkel. Foldningerne opfanger mere ilt i dejen end ren æltning.

Først til sidst æltes evt. olie ind i dejen, da olie tilføjet i starten kan modarbejde melets evne til at optage vand og dermed udviklingen af gluten-netværket. Saltet æltes også ind til sidst, da det hæmmer gæren.

Til sidst trækkes siderne ind under, og dejen formes til en kugle med en stram overside.

Det gælder om at skabe spænding i dejkuglens overflade. Ideen er at stramme overfladen op, så den bliver glat, mens man samtidigt fanger eller tilbageholder ilten og CO_2 i dejen.

Læg den tilbage i skålen under låg i 1-2 timer. Dejen er nu hævet til ca. dobbelt størrelse.

Hæld dejen ud på bordet med en dejskraber. Dejen har typisk den glatte side nedad. Del dejen op i 5-6 dejbolde a 220-300 g – en hård dejskraber eller en kniv kan bruges.

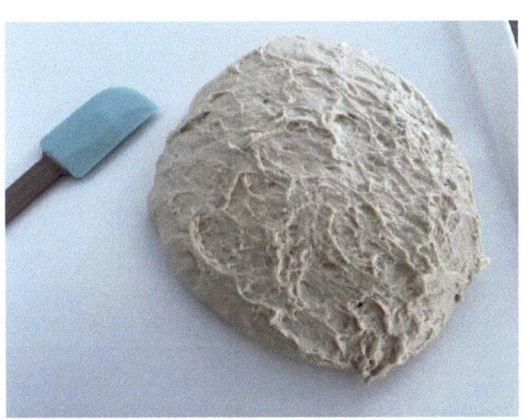 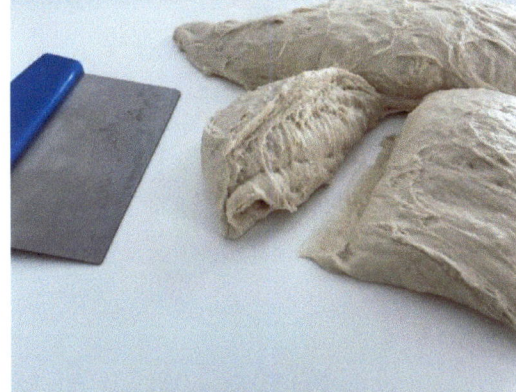

Fra nu af er det igen vigtigt at holde den glatte og udspændte top øverst hele tiden. Lav boldene ved at folde siderne ind under og op i bunden. Klem dem til sidst sammen nedenunder, så der ikke er åbninger. Boldene overføres til skåle med plads til, at dejen kan hæve til dobbelt størrelse. Du kan evt. smøre den let med olivenolie. Ønsker du at have pizzadej klar på frost, så er det nu, at du skal tage nogle af dejboldene i frostposer og lægge dem i fryseren – de fylder derved mindre.

Lad dejboldene hæve tildækket med låg eller plastfilm i 2-4 timer ved stuetemperatur. De vil være hævet til dobbelt størrelse og er nu klar til at blive "åbnet", dvs. formet som pizza.

Frosne pizzabolde kan optøs i køleskab i en tillukket skål. Tag dem ud af fryseren dagen før eller om morgenen før arbejde. Når man så kommer hjem fra arbejde, tages skålen(e) ud af køleskabet 3-4 timer før brug. Så er de hævet til dobbelt størrelse og er nu også klar til at blive åbnet og bagt.

Tag dejbolden ud af skålen, og læg den op i et melbad eller på en bunke semolamel på bordet. Vend pizzabolden, og tag den op på bordet. Form den rund, så du starter med at "åbne" den fra en pæn rund form.

Det vigtige ved en napolitansk pizza er at skubbe luften ud til kanten og passe på <u>ikke</u> at trykke på selve kanten. Derved opnår man en luftig kant, der hæver meget under bagning. Pres fra siden tættest mod dig selv op mod den modsatte side med det yderste led på fingrene. Vend pizzadejen, og pres tilbage den anden vej – men husk altid, hvilken side der var opad fra starten. Det er en fordel i den efterfølgende udstrækning, hvis selve midten er blot en anelse tykkere end resten af den tynde del af bunden.

Når dejen er blevet ca. dobbelt så stor i diameter, kan man bruge andre metoder til at stække den. I starten er det nemmeste som begynder at tage dejen op på knytnæver eller bøjede håndled, for så at lade enten tyngdekraften eller hænderne forsigtigt stække dejen yderligere. Senere kan man lære den rigtige napolitanske "slapping"-teknik[124].

Læg den med den <u>rigtige</u> side opad til sidst. Det sikrer, at CO_2 og luftbobler holdes i dejen under bagning. I en almindelig ovn kan man fint bruge bagepapir, men i en rigtig pizzaovn skal man lære at "launche". Tilføj et par spiseske tomatsauce og fordel den forsigtigt med undersiden at skeen.

Derefter tilføjes parmigiano, grana eller pecorino. Sammen med tomatsaucen giver det god umami!

Normalt går tomatsauce ud til ca. 1½ cm fra kanten. Brug 2½ cm fra kanten for at lave Canotto-stil (kaldes også *Contemporary Neapolitan Pizza*) med store luftige kanter (de opnås endnu bedre med en højere hydrering i dejen og evt. ved brug af en BIGA-fordej).

---

[124] https://www.youtube.com/watch?v=xzbW8CZx538

Man kan nu vælge at forbage pizzaen, så bunden kan følge med fyldet og du undgår, at osten er helt smeltet, inden bunden er klar. Bag den ca. 2-2½ minut ved 250°-270° i en varmluftovn på et bagestål eller en pizzasten. Tag den ud, og gå hurtigt videre.

Tilføj mozzarella revet, i tern eller i strimler. Top op med fyld, men hold lidt igen – der er ingen *tutta carne*-pizza i Napoli! Dejen og kanten er en vigtig del af smagen og oplevelsen sammen med gode råvarer, så *less is more!* Pensl gerne lidt olie på kanten, og drys evt. oregano på pizzaen.

Bag yderligere 2-3 minutter i varmluft på bagestål eller pizzasten, indtil osten bobler og kanten ser fin ud – den skal ikke være helt gylden, blot pletvis gylden. Osten bør ikke brunes, da dette betragtes, som at den har fået for meget. Tag den ud på en rist, og lad varmen fra bunden trænge væk i 30 sekunder, så den forbliver sprød. Pynt med lidt mere parmigiano og friske basilikumblade.

I en almindelig varmluftovn er det svært at få kanterne til at hæve meget og specielt uden en mere kompliceret proces. Men man får uanset en god pizza med noget luft i kanten!

Bager man den samme dej (evt. uden olie i dejen) med samme fyld i en rigtig pizzaovn i 1½-3 minutter ved 450°, så får man en noget anden pizza med meget mere luft i kanten og en flottere kant med flotte leopardpletter. Her er et par eksempler fra tidligere eksperimenter:

Fotografi 30: *Pizza napoletana classica "Prosciutto"* med poolish bagt i almindelig ovn – med lækker og luftig kant!

Fotografi 31: *Pizza napoletana classica "Prosciutto"* med poolish bagt i en gas-pizzaovn – med endnu luftigere kant!

4.4. Pizza romana al taglio – luftig bund i bradepande med spændende fyld

Pizza *romana al taglio* er den type pizza, som Gabriele Bonci laver, og er faktisk lidt at sammenligne med dansk smørrebrød. Hos bagere og konditorier samt ved pizzeriaer i Rom[125] kan man købe stykker af *al taglio*-pizza og *alla pala*-pizza, der har mange forskellige typer af fyld på. Noget af fyldet bages med i ovnen sammen med dejen, andet bages med bagefter på en forbagt dej, mens noget fyld tilføjes til sidst – enten friskt og "råt" eller tilberedt ved siden af. Stykker af *al taglio*-pizza og *alla pala*-pizza vil normalt blive genopvarmet kort i ovnen, før de serveres til kunderne, men hjemme kan man jo fint servere den lige efter bagningen, så er stykkerne helt friske og allermest lækre.

INGREDIENSER (1 pizza på 900 g eller knap 1800 cm^2)
5 g tørgær eller 10 g frisk gær
3-5 g sirup, honning eller sukker (kan undværes)
500 g tipo 00-mel, f.eks. Caputo Pizzeria eller Caputo Cuoco/Saccorosso
400 g lunkent vand (dvs. 80 % hydrering - pas på, det ikke er for varmt, så det dræber gæren!)
15 g fint salt
2 spiseske olivenolie til dejen samt lidt til at smøre bradepanden
Fyld, f.eks. tomatsauce, mozzarella, *prosciutto*, *salame picante* eller *bresaola* m.m.

UDFORDRINGER & TRICKS
Det svære ved denne type pizza er dens høje hydration, som gør den svær at arbejde med. Normal håndæltning er umulig, og mange røremaskiner vil også nemt have problemer med dejen. Ved at bruge *stretch and fold*-metoden kan vi med en simpel teknik og ventetid få vandet absorberet og udviklet det nødvendige glutennetværk, så dejen kan blive luftig og sprød. Der anvendes også en ny måde at strække dejen ud med fingerspidserne, hvor man prøver at bevare luften i dejen.

---

[125] https://homemadepizzaschool.com/what-is-pizza-al-taglio/

TILBEREDNING

Vi laver en direkte dej uden poolish denne gang. Begynd med
at mixe det meste af vandet (ca. 85 %) og gæren i en stor
skål. Tilsæt honning, og rør den ud. Vent 5 minutter, indtil
gæren begynder at boble, så du ser, at den er aktiv. Rør
melet i, og vær sikker på, at der ikke er noget mel, som ikke
har fået vand. Rør, indtil det er en lidt klistret dej. Du kan fint
ælte den lidt med hånden nede i skålen, da dejen endnu kun
er hydreret til ca. 65 %. Opløs saltet i det resterende lunkne
vand, så det er klar til brug senere.

Lad dejen hvile tildækket i ca. 30 minutter ved stuetemperatur (RT), så melet optager mere af
vandet og gluten begynder at udvikle sig. For at lave *stretch and fold*, så fugter man først sin hånd
med koldt vand. Derefter tager man fat i en side af dejen helt nede i bunden og strækker den op
og ud, og man folder den så ind over sig selv – godt forbi midten af dejen. Roter skålen 90° og
gentag tre gange, så alle fire sider er blevet strakt ud og foldet.

Lad igen dejen hvile (RT) tildækket i ca. 30 minutter, så vand optages af melet og gluten udvikles.

Hæld det resterende vand med salt over dejen, og brug igen *stretch and fold* (evt. 2 runder) til at ælte saltvandet ind i dejen. Der kan desuden håndæltes yderligere for at absorbere det meste af væsken, men dejen er noget sjappet stadigvæk. Lad dejen hvile tildækket i 30 minutter, så melet kan suge det meste af vandet til sig. Vandet med salt kan evt. også tilføjes over 2-3 omgange.

  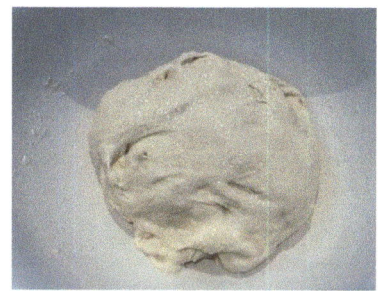

Gentag *stretch and fold*. Denne gang er alt vandet optaget, men dejen er stadig meget fugtig. Giv det endnu en hvilepause på 30 minutter.

Tilføj olivenolien, og ælt den ind med *stretch and fold*. Lad igen dejen hvile tildækket i 30 minutter.

Er det <u>helt</u> umuligt for dig at arbejde med, så kan du sænke hydreringen ned til 70 % ved at tilføje op til yderligere 70 g mel. Når du har arbejdet mere med pizzadej, vil det dog ikke være et problem.

Gentag *stretch and fold* med hvilepause 1-2 gange yderligere. De sidste gange vil dejen være mere luftfyldt, og man skal behandle dejen mere skånsomt, når den strækkes. Man kan klart se, at gluten har udviklet sig, da dejen er mere elastisk uden at gå i stykker, når den strækkes. Dejen udvider sig desuden fra gang til gang på grund af hævningen, der er begyndt.

Hver gang når den er blevet strakt ud, vendes den om, så der er en stram overside til at holde på luften. Strækning og foldning tilfører desuden yderligere luft til dejen.

Lad nu dejen fermentere og modne tildækket i køleskab (CT) 16-24 timer til næste dag (Caputo Pizzeria) eller 40-48 timer til dagen efter igen (brug her hellere Caputo Cuoco/Saccorosso-mel).

Tag dejen ud af køleskabet, og lad den temperere tildækket ved stuetemperatur (RT) i en time.

Efter en time er den hævet yderligere, og den er meget skvulpende og luftig.

Del den evt. i mindre stykker, afhængigt af hvor store bradepander du har. Du beregner størrelsen på pizzastykket til en bradepande ved at tage længde gange bredde i centimeter (dvs. arealet af bradepanden i cm^2) og dividere med to[126]. Så får du vægten i gram af den pizzabold, der passer til. Er der lidt restdej, så lav evt. et lille pizzabrød med olie smurt på, lækkert til en pastaret!

Hæld dejen ud på en masse mel (fra dit melbad) med bunden op. Dejen eller stykkerne af dej (*panetti*) skal laves om til dejbrød. Derfor foldes de forsigtigt sammen i bunden, så overfladen, der ligger nedad, strammes lidt op. Løft 4-6 gange i siderne og klem disse ender sammen, og vend til sidst stykket tilbage, så den stramme overflade er øverst. Put brødet eller brødstykkerne i oliesmurte beholdere, der har plads til, at dejen kan fordoble i størrelse.

Lad brødet eller stykkerne temperere yderligere ved stuetemperatur en 2-3 timer før brug.

---

[126] https://www.youtube.com/watch?v=ckycuQsCRFI&t=450s

Tag brødet ud af skålen i rigeligt mel på bordet, og drys endnu mere mel over dejen, der skal formes. Vend den, så den opstrammede side er øverst. Hæld mere mel over dejen. Form dejen ved at trykke forsigtigt ned med fingerspidserne, først langs kanten og siden ind mod midten.

Når dejen er tæt på den størrelse, den skal have til at passe i bradepanden, så vippes den forsigtigt over på den ene underarm i længderetningen, og det overskydende mel rystes af.

Placer dejen i en olieindsmurt bradepande. Som ses på billedet, er der for meget dej til størrelsen af bradepanden, så jeg skar blot det overskydende af til en anden mindre pizza. Dejen blev måske strakt mere ud end tiltænkt, da jeg flyttede den til bradepanden, men der er trods alt 900 g dej, hvilket svarer til en 30 % større 60 cm x 30 cm bradepande.

Stræk dejen forsigtigt til at passe i bradepanden. Sørg for, at dejen strækkes godt ud i hjørnerne, og skub dejen lidt ned langs siderne. Prik evt. lidt dybt med en fingerspids i 2 kolonner med 5 rækker, dvs. 10 steder. Dette er ligesom med gaflen ved *pizza romana tonda* for at undgå, at dejen skal boble for meget op under bagning.

Her laver jeg den som *pizza rossa* med lidt tomatsauce på, så den er klar til typer med fyld, der normalt ville have tomatsauce nedenunder. Fordel tomatsauce ud med en ske, og afslut fordelingen forsigtigt med fingrene, så hele overfladen er dækket. Hæld lidt olivenolie ovenpå.

Den forbages i bradepande ovenpå et bagestål eller en pizzasten ved 250°-300° i almindelig varmluftovn i 5-10 minutter, hvis der skal fyld på, der også skal bages. Tag den ud, put fyld på, og giv den så yderligere 3-7 minutter i ovnen. Her laves "Margherita" med bøffelmozzarella og frisk basilikum, "Diavola" med stærk italiensk salami, orange peberfrugt og lagret parmigiano samt "Capricciosa" med kogt italiensk *prosciutto* (skinke), oliven og champignon (dog uden artiskokker).

Efter bagningen tilføjes basilikumbladene, og der rives med en 30 måneder modnet parmigiano udover den krydrede salami.

Din Pizza *al taglio* kan nu skæres med pizzasaks eller pizzaskærer i relevante stykker og serveres enten på et skærebræt eller på tallerkener.

Fotografi 32: Luftige og sprøde stykker af *pizza romana al taglio* med forskelligt fyld, der er bagt i almindelig ovn.

Amerikanske Favoritter

Billede 05: ChatGPT "Create a photorealistic image symbolizing the fusion of American and Mexican fast food"

5. Amerikanske favoritter – fastfood møder slowfood

USA er landet, hvorfra vi bedst kender fastfood-kulturen. De udviklede de første franchisekæder i verden for pizza, burger, kylling, Tex-Mex osv.

Men samtidigt har man i såvel USA som Mexico en kultur for slowfood-retter, der simrer eller grilles længe. En *taco birria* eller *carnitas* serveres som fastfood fra food trucks og hurtigt opsatte boder[127], men kødet er ofte tilberedt i flere timer[128] for at gøre det mørt og lave den suppe, som serveres til. På en Texas Barbecue-restaurant[129] serveres maden hurtigt, men deres *brisket* (oksespidsbryst) er tilberedt siden dagen før i en *offset smoker* igennem hele natten[130].

I denne sektion ser jeg på amerikanske favoritter, som her dækker over amerikansk barbecue, amerikanske burgers samt Tex-Mex-retter. Jeg har flere gange været i USA og en enkelt gang i Mexico, så jeg har prøvet en del versioner af mine favorit Tex-Mex-retter og adskillige burgere.

Men desværre har jeg ikke prøvet så meget amerikansk barbecue. Drømmen er for mig engang at komme til Texas og besøge nogle af de kendte restauranter som Franklin Barbecue[131], Goldee's Barbecue[132], Louie Mueller Barbecue[133] og Snow's BBQ[134] for at prøve ægte Texas barbecue. Det ville også være enormt spændende at komme til Kansas City og Memphis for at prøve deres stile af barbecue. Men indtil da må bøger og video guide mig i søgen efter ægte amerikansk barbecue.

---

[127] https://www.youtube.com/watch?v=FT7mNxMMoi0&t=90s

[128] https://www.youtube.com/watch?v=Sl-Ac4OUfGA

[129] https://www.youtube.com/watch?v=1hvPTqswJn4

[130] https://www.youtube.com/watch?v=vUDiEQBZL_8

[131] https://maps.app.goo.gl/caYqqkvvqGxKmwaLA

[132] https://maps.app.goo.gl/evpP99wNZ5f4GfAn8

[133] https://maps.app.goo.gl/aWrJ9AViqHtbFSTZA

[134] https://maps.app.goo.gl/SWJdiwqE1pUtv9Jy5

Barbecue
USA

Billede 06: ChatGPT "Generate a photorealistic image of a Texas style barbecue with slow cooked brisket, beef ribs, pulled pork and side dishes with a prairie and an American flag in the background"

6. Barbecue USA – at grille er ikke BBQ!

I 2022 var jeg en tur i Orlando i Florida til en konference, hvor jeg sammen med en anden deltager tog hen til en boghandel. Her anskaffede jeg mig bogen "Big Book of BBQ"[135], da den så interessant ud, og jeg havde lyst til at læse lidt op på dette madunivers. Da jeg kom hjem og fik læst bogen, så blev jeg mere hooked på at bore dybere ned i barbecue. Så jeg fandt endnu flere bøger og videoer af nogle af de bedste *pitmasters*, som viste, hvor lækker grillmad i form af barbecue kunne være. Så siden foråret 2023 har jeg, når vejret tillader det, eksperimenteret med *low and slow*-tilberedning for at forstå, hvordan man kan lave lækker og saftig barbecue.

I USA er rigtig barbecue en meget vigtig ting for en stor del af befolkningen og har stærke rødder i syden af USA. Man kalder det *Southern barbecue*, *barbecue*, *BBQ*, *cue* eller blot *Q* – som i: "du har en lækker Q!". Det skulle efter sigende være omkring 80 % af amerikanerne, som har en grill (ligesom i Danmark), og i specielt de sydlige stater[136] er der en udbredt barbecuekultur, hvor man venskabeligt skændes om, hvilket stykke kød af hvilket dyr der er bedst at barbecue, og hvilken type sauce er bedst – tomat-, eddike- eller sennepsbaseret barbecuesauce. I Texas og de vestlige stater er oksen i højsædet, mens gris og kylling er mere udbredt i mange af de østlige stater[137].

Der afholdes store turneringer med pænt store pengepræmier lige fra forårsmånederne og indtil efterårsmånederne, hvor teams typisk deltager i kategorierne[138] *brisket* (oksespidsbryst), *pork ribs* (ribben fra gris), *pork/pulled pork* (trevlet svinenakke eller -skulder) og *chicken* (ofte kyllingelår og overlår). Nogle steder er der også *whole pork roasting* (grilning af en hel gris) og *freestyle*. *Memphis in May*-festivalen ses som det uofficielle VM i barbecue, hvor "atleter" med ølvom dyster!

---

[135] Editors of Southern Living (2010), *Big Book of BBQ – Recipes and Revelations from the Barbecue Belt*, Oxmoor House, USA.

[136] https://www.youtube.com/watch?v=ctsHVxIwAdE

[137] https://en.wikipedia.org/wiki/Barbecue_in_the_United_States

[138] https://twistdq.com/american-royal-world-series-of-barbecue/

Ved fodboldkampe (amerikansk fodbold) i USA mødes fans ofte udenfor stadium eller på parkeringspladsen og har en fest med mad, barbecue og samvær før, under og efter kampen. Dette kaldes for *tailgating*[139] eller for et *tailgate party*, og det er noget, vi slet ikke kender i Europa. Fænomenet formodes at have rod tilbage i de kendte *chuckwagons*[140], dvs. de specielle køkkenhestevogne, som kokken havde i det gamle vesten enten i kavaleriet eller i en gruppe af cowboys på tur over prærien med kvæg. Navnet kommer fra pickup-truckenes låge i bagenden (*a tailgate*), som kan lægges ned og danne bord for de medtagne madretter eller være en flade for en lille grill. Senere er det som sædvanlig i USA blevet større og bedre, og folk har nu ofte anhængere med, som er trukket efter bilerne, hvorpå der er monteret store *offset smokers*[141].

Barbecuens historie, som den er lavet i USA, menes[142] at stamme fra et mix af europæisk grill- og røgeteknik, caribisk *barbacoa* grillteknik[143], indianernes grille- og røgeteknik samt de afrikanske slavers medbragte grilleteknik til tilberedning af dårligere kollagenfyldte stykker af kød. Sammen har disse metoder udviklet sig til *low and slow*- samt *hot and fast*-metoderne, der generelt anvendes i amerikansk barbecue og grilning. Man er også gået fra at barbecue hele dyr til standardiserede stykker af kød. Bemærk, udskæringerne i USA er anderledes, end de er i Europa.

Vi har her i Danmark også en sommerkultur med at grille på gas eller kul, men de færreste tilbereder dog kød ved lav varme i mange timer. Danskerne har som søfarende nation naturligvis haft en fortid med at salte og røge kød og fisk, så vi havde saltede sild, røget ørred og røget saltet bacon med på de lange sørejser, og som nation har vi lige siden nydt disse produkter som en del af vores kulturarv med smagspræferencer for røget og salt mad.

---

[139] https://www.youtube.com/watch?v=VDD0x_H86bQ

[140] https://tinyurl.com/mhr8wwyw

[141] https://www.google.com/search?q=offset+smoker+usa+trailer+image

[142] Miller, Adrian (2021), *Black Smoke - African Americans and the United States of Barbecue*, The University of North Carolina Press, USA. Lyt også til https://tinyurl.com/58hbcsym

[143] https://en.wikipedia.org/wiki/Barbacoa

Men flertallet af os smider blot et stykke kød på grillen, og oftest giver vi det rigelig tid uden brug af stegetermometer. Derved bliver selv mørt kød som svinemørbrad stegt til ukendelighed, så det bliver tørt og kedeligt. Det eneste, som flere folk har taget til sig af *low and slow*, er nok pulled pork, som blev meget populært i nullerne, men ellers nøjes man med at se tv-programmer som "Grillfeber", der gik på TV2 (2013-2014), samt tv-serierne "Chef's Table BBQ", "High on the Hog" og "Barbecue Showdown", som alle findes på Netflix, mens nogle få barbecueentusiaster nørder rundt med trækul, pillegriller og røgeovne. De fleste griller bare uden at vide, hvad de går glip af.

I 2023 var jeg igen i USA til konference nær Miami i staten Florida. Jeg ledte efter nogle steder med Texas Barbecue, men det var svært at finde nogen og specielt steder, som havde åbent de aftener, jeg var der. Af en eller anden grund har mange Texas Barbecue-steder det med at åbne sidst på formiddagen og løber enten tør få timer efter, eller de har kun åbent torsdag til lørdag samt lukker allerede om aftenen kl. 20. Og jeg landede i lufthavnen kl. 19 en lørdag aften...

Men det lykkedes mig at finde et sted kaldet "Scruby's BBQ"[144], hvor jeg sammen med to konferencedeltagere fik prøvet såvel *beef ribs*, *brisket* som pulled pork. Okseribbenene var ganske gode, men oksebryst og pulled pork var nu ikke særligt interessante, selvom de var møre og ikke var tørret ud. Og pomfritterne var decideret elendige, hvilket tydeligt ses på billederne – jeg tror de frosne fra Netto, Rema1000 eller 365discount ville have været bedre i hjemmeovnen.

---

[144] https://maps.app.goo.gl/LPRDtRGuf2Q8sky47

6.1. Barbecue-teori – hvordan virker varme, røg og tid sammen på kød?

Man kan heldigvis nemt selv lære at lave god og "rigtig" barbecue i amerikansk stil med en simpel kulgrill. Desværre kan en gasgrill ikke så godt lave *low and slow*-tilberedning med røg, da der af sikkerhedsgrunde er store åbninger i siderne, hvor lågen møder grillen. Derfor vil røgen alt for nemt slippe ud, før den har haft stor effekt, som er påkrævet ved røgning over 1-6 timer. Til lige at røge en burger, en kotelet eller et stykke kylling virker en gasgrill dog fint nok, blot man tænker over at få røgen til at komme forbi kødet. Dette gør jeg senere med steakhouseburgeren. Men jeg vil her lige gennemgå lidt grill- og røgeteori, som jeg tror, du vil finde brugbar.

Kuglegrill – Her i bogen anvender jeg en simpel kuglegrill, som kan anskaffes rimelig billigt. Jeg gav 500 kroner for min hen imod slutningen af grillsæsonen, så der var ca. 200 kroners rabat på normalprisen. Man skal sikre sig, at man kan styre temperaturen i grillen med justerbar udluftning i både top og bund af grillen. Dette lærte jeg på den hårde måde ved først at købe en billig røgetønde – der var konstant åbent i bunden, og kun en låge i toppen kunne styre luftindsuget lidt.

Kulbakke – Det er bedst også at anskaffe sig en kulbakke, så man kan lave indirekte varme med kul placeret i kun den ene side. Har man to kulbakker, kan de placeres med en i hver side, så man ikke skal vende kødet hele tiden, men så indskrænkes arealet til kød dog også.

Grillstarter – En grillstarter er også rigtig godt at anskaffe sig, så man ikke bagefter, når maden er færdig og spist, skal stå som en idiot og dumsmart sige: "det er egentligt først nu, at kullene er rigtig gode at grille på!". Den sikrer bedre en god optænding af kullene fra starten.

Wet-brine – er at nedsænke barbecuekødet i en væske med 5 % salt og evt. sukker, for at saltet optages af kødet og holder på væsken. Derved får man mere saftigt og mørt kød, der er saltet indefra. Dette skal tænkes ind, så man ikke anvender en barbecue-*rub* med for meget salt i også.

Egnet kød - I USA er en *brisket* typisk på 10-30 pund med masser af intramuskulært fedt i kødet, mens et helt dansk oksespidsbryst vel ligger på omkring 2-6 kg og er uden nævneværdig fedtmarmorering. Grunden til at bruge *low and slow* barbecuetilberedning er, at kollagen skal nedbrydes til gelatine, så kødet bliver mørt. Samtidigt skal fedtet smelte og holde kødet saftigt, så det ikke tørrer ud under den lange tilberedning. Dette er ikke muligt med nogle typer af danske stykker kød, da vi for længe har gået efter at købe meget magert kød i frygten for, at animalsk fedt skal skabe kolesterol i blodet, hvilket nu om dage udfordres[145]. Jeg prøvede f.eks. at tilberede et halvt oksespidsbryst som en Texas-style barbecue *brisket*, men den blev tør selv ved 10-15 grader under den anbefalede kernetemperatur. Bemærk, hvor mager kødet var fra slagteren før tilberedning. Måske injektioner med æblemost kunne have hjulpet, men det ændrer ikke meget på den manglende fedtmarmorering. Så for at lave god barbecue her i Danmark må vi kritisk vurdere, om kødet er egnet til barbecue, eller det er bedre at grille det.

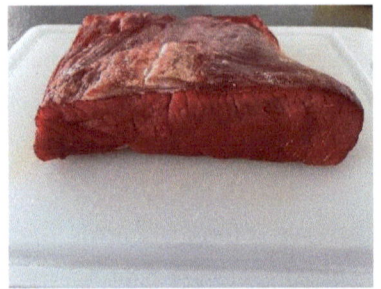  

Water-pan – er en aluminiums- eller metalbakke med vand til at sikre luftfugtigheden for både at forhindre udtørring og forbedre, at røg sætter sig på kødet.

Tid og temperatur – Dette bringer mig til spørgsmålet om forskellen på tilberedning med *low and slow* i forhold til *hot and fast*. Hvad sker der, hvis man tager et stykke kød, der ikke indeholder en masse kollagen og intramuskulært fedt, som skal nedbrydes over tid? Der så jo ud til at være stor forskel afhængigt af tilberedningen af en flæskesteg i første bog, men jeg har aldrig testet

---

[145] https://www.healthline.com/nutrition/fat-and-cholesterol

kernetemperaturen ved normal stegning. Måske vi bare steger dem for længe ved en høj ovntemperatur, fordi vi går efter de sprøde svær.

For at få mere klarhed omkring dette spørgsmål, så lavede jeg med min kammerat Leon en lille test, hvor vi henholdsvis grillede to svinemørbrader med *hot and fast* og barbecuede to andre svinemørbrader med *low and slow* til forskellige kernetemperaturer for at se, om det alene var kernetemperaturen, som bestemte, hvor saftigt og mørt et stykke kød ville være.

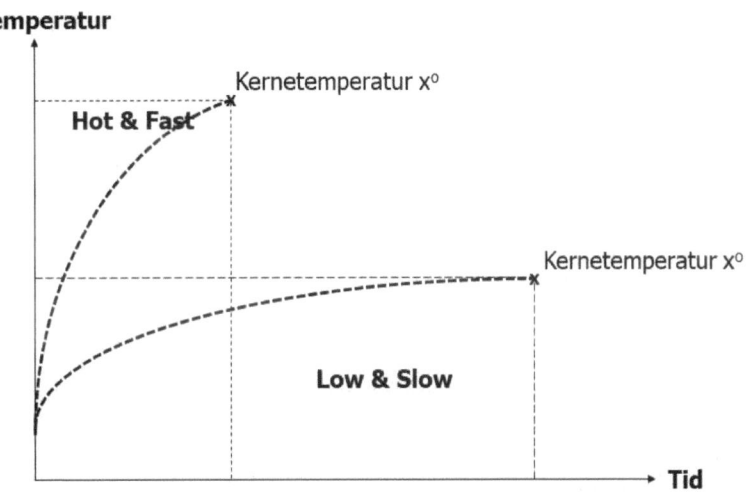

Figur 02: Hot and fast vs. low and slow.

Der vil sikkert være forskel ved forskellige temperaturer i fordampningen, og hvordan varme overføres fra ydersiden ind til kernen. Man ser derfor ikke en helt pæn lineær sammenhæng mellem tid og tilberedningstemperatur for at opnå en given kernetemperatur. I virkeligheden er det en aftagende stigning i kernetemperatur – med stor stigning i starten, men som aftager i vækst over tid. Vi kunne for et stykke kød med mindre tykkelse konkludere:

- **Samme kernetemperatur vil stort set have samme mørhed og saftighed, uanset om der anvendes *low and slow* eller *hot and fast* som tilberedningsmetode.**
- ***Low and slow* tager væsentligt længere tid, så man skal kun barbecue et så mørt stykke kød for at opnå lidt *bark* og smag med røg. Er det ikke målet, så grill!**

Et stykke svinemørbrad med en kernetemperatur på mellem 60° og 65° er utrolig lækkert, saftigt og mørt. Ved 70° er det stadig lidt saftigt og mørt, men ved 80° begynder det markant at blive hårdere og mindre saftigt. Både FDA[146] og USDA[147] anbefaler, at svinekød tilberedes til en kernetemperatur på minimum 63° og efterfulgt af 3 minutters hvile (til overførselsvarme).

Typer af røgeovne – Der er mange forskellige apparater[148] (se link for detaljer) til at røge med. I den helt store ende er der en *offset smoker*, som primært er til at anskaffe i ordentlig kvalitet meget dyrt i USA. Der findes små billige modeller i Danmark, men ligesom den billige røgetønde, jeg købte, så er det ultratyndt metal, de er lavet af, hvorfor de ikke vil kunne holde varmen og ruster hurtigt. Den nok mere egnede røgeovn for barbecueentusiaster i Danmark er den, der bruger træpiller – en *pellet smoker*, som findes fra ca. 5.000 kr. og op, hvilket er meget sammen-ligneligt med en god gasgrill. Så findes der elektriske røgeskabe, som er billige og efter sigende kan lave god mad[149], men dog uden røgring. Der er desuden en gruppe af røgetønder, også kaldet *charcoal smoker* eller *bullet smoker*, som f.eks. den røgetønde, jeg købte, Webers *Smoky Mountain* eller de noget dyrere Kamado-griller. Til sidst er der så kuglegrillen, som både er billig og alsidig.

Ligesom gasgrillene kan man stort set få alle disse typer af røgeovne i billige og i dyre udgaver, og som regel hænger kvalitet sammen med pris. Det er fornuftigt lige at se på anmeldelserne af produkterne før anskaffelsen, f.eks. inde på websiden amazingribs.com[150], hvor Meathead har Max Good fuldtidsansat til kun at teste og anmelde alle de nye produkter.

Røg – For røg er der tale om dårlig røg og god røg. Først skal vi lige aflive myten om, at man skal lade sine træflis ligge i vand for at forlænge tiden, de afgiver røg. De optager næsten intet vand,

---

[146] https://www.fda.gov/food/people-risk-foodborne-illness/meat-poultry-seafood-food-safety-moms-be

[147] https://www.usda.gov/media/blog/2011/05/25/cooking-meat-check-new-recommended-temperatures

[148] https://www.smokedbbqsource.com/types-of-smokers/

[149] https://www.youtube.com/watch?v=gVGaxyDo0h0

[150] https://amazingribs.com/ratings-reviews/grill-and-smoker-reviews/

hvilket er, hvorfor man f.eks. laver sejlbåde af træ. Så det eneste, man i stedet opnår, er at køle grillen ned[151]. Den hvide røg, man ser, er damp og ikke røg. Brænder man med træ i en rigtig *smoker*, så er det tynd blå røg eller gennemsigtig røg, som man skal gå efter. Det må ikke være sort, grå eller hvid røg, da det i større mængder kan være skadeligt at indtage via maden. Når fedt drypper ned på grillkul, så brændes det af og giver smag med røg og flammer. Så det er faktisk ikke smag fra kullene, der overføres til bøfferne eller grillmaden[152], selvom kullene aktivt deltager og bidrager med at skabe den fra fedtet med deres meget høje varme[153].

Som tommelfingerregel anbefales det normalt at anvende træ fra frugttræer til kylling og gris, mens man bedre kan anvende træ af bøg, eg, hickory, mesquite og whiskytønder til oksekød samt meget krydret kød. Men i sidste ende afhænger det af, hvilken smag du kan lide, hvor meget røg der er i "kammeret", hvor stort "kammeret" er, hvor længe røgen bliver i "kammeret", og hvor længe kødet bliver røget. Find ud af, hvad der virker for dig!

Kød optager bedre røg, hvis og så længe det er koldt eller vådt[154]. Så ved lang røgning, bør man sprøjte lidt vand, æblemost eller æblecidereddike på kødet, men ikke så voldsomt, at ens krydderier og røgen vaskes af. Derfor venter man typisk 45 minutter til en time, før man *spritzer* eller *baster* første gang. At *spritze* er at sprøjte med en forstøver, mens at *baste* er at pensle eller "duppe" med en pensel eller moppe. Når kød optager røgsmag, opstår der ofte det, som kaldes en røgring[155]. Dette er en rød eller lyserød ring i det yderste lag af kødet og ses typisk som beviset på, at man har røget kødet korrekt og godt. Ringen opstår, når myoglobin og nitrogenoxid interagerer, så der sker en kemisk reaktion i kødet. Den har ingen betydning for smagen og er kun kosmetisk.

---

[151] https://tinyurl.com/45xx4588

[152] https://www.youtube.com/watch?v=HNqeSzH6qY8&t=2135s

[153] https://www.wired.com/2016/07/charcoal-grilling-tastes-better-gas-just-science/

[154] https://tinyurl.com/4xwaxzmm

[155] https://tinyurl.com/yc34k9xt

The stall – er, når man oplever, at kødets temperatur i lang tid står stille, mens kødet barbecues, og den generelle anbefaling er at skrue temperaturen op i lidt tid eller blot vente. Mark Williams[156] forklarer i Malcom Reed's podcast, at det er tiden i *the stall*, som afgør, hvor mørt kødet bliver, så ved højere temperatur vil man have kortere tid i *the stall*, og man skal så i stedet have en højere kernetemperatur for at få kollagen omdannet til gelatine og fedtet nedbrudt.

Barbecuestile – Der er i USA utroligt mange stile af barbecue, men som regel snakker man om de fire hoved-stile[157] (se linket for detaljer): Kansas City Style BBQ, Memphis Style BBQ, Carolina Style BBQ og Texas Style BBQ.

BBQ-sauce – Der skelnes typisk imellem fem sauce-typer i amerikansk barbecue[158] (se link): tomat/ketchup-baseret BBQ-sauce, eddikebaseret BBQ-sauce, sennepsbaseret BBQ-sauce, mayonnaisebaseret BBQ-sauce og Worcestershiresauce-baseret BBQ-sauce. BBQ-sauce bruges typisk enten som afslutning af tilberedningen, hvor sukkerindholdet får saucen til at karamellisere, eller som dyppelse til at spise sammen med kødet.

BBQ-rubs – De forskellige *pitmasters* har forskellige præferencer for, om kødet skal have en tør eller våd krydring fra starten (*dry rub* vs *wet rub*). En *dry rub* vil ofte blive tilføjet kødet, efter man har tilføjet en *binder*, det vil sige noget, som kan binde krydderiblandingen til kødet og er specielt nødvendigt for at binde til fedtet. Her anvendes ofte amerikansk sennep eller olie.

Selve krydderiblandingen til *dry rub* afhænger af kødet og stilen af barbecue. I Texas er salt og peber typisk nok, mens man i andre stater typisk vil tilføje løgpulver, paprika og hvidløgspulver som minimum. Der kan i nogle stile også være en del brun sukker. Så når en sød rub på spareribs kombineres med masser af brun farin under tilberedning i aluminiumsfolie og afsluttes med en rød

---

[156] https://www.youtube.com/watch?v=LHRUORB4aiU&t=1020s

[157] https://www.webstaurantstore.com/blog/3728/types-of-bbq.html

[158] https://www.youtube.com/watch?v=z6EqVXl6geM

sauce fuld af honning og melasse-sirup, så får man, hvad mange barbecueeksperter kalder *candied ribs*. Dette er typisk målet til turneringerne, fremfor hvad f.eks. Malcom Reed[159] kalder *eat'en ribs* eller *backyard style ribs*. Rubs giver under lang tilberedning en skorpe, som kaldes en *bark*.

De bedste bøger, jeg kan anbefale, er de tre gode bøger, som ses på billedet nedenfor:

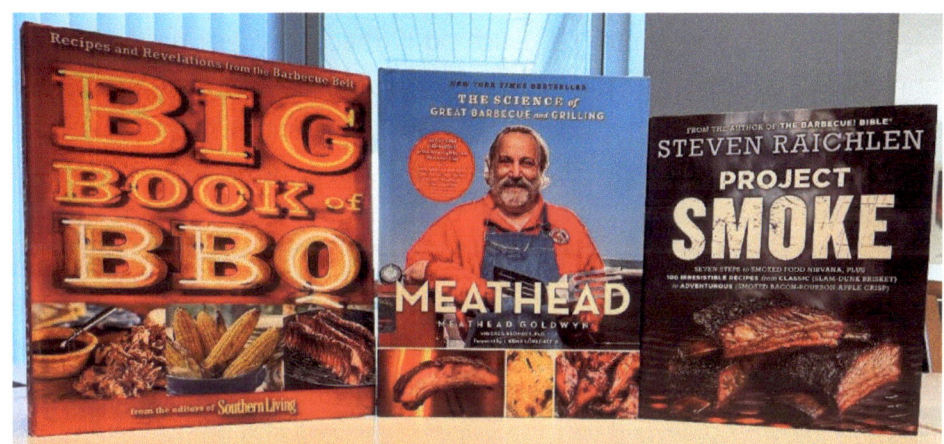

Fotografi 33: Udvalgte bøger om barbecue[160, 161 & 162].

Bogen "Big Book of BBQ" giver en god introduktion til Southern barbecue med masser af flotte billeder, forklaringer og opskrifter. Meathead Goldwyn har skrevet bogen "Meathead", som er fuld

---

[159] https://www.youtube.com/watch?v=kRe0WymG1Jk

[160] Editors of Southern Living (2010), *Big Book of BBQ – Recipes and Revelations from the Barbecue Belt*, Oxmoor House, USA.

[161] Goldwyn, Meathead & Greg Blonder (2016), *Meathead – The Science of Great Barbecue and Grilling*, Harvest, USA (ps. en ny bog "The Meathead Method – Barbecue Science Meets Art" udkommer i 2025).

[162] Raichlen, Steven (2016), *Project Smoke – Seven Steps to Smoked Food Nirvana, Plus 100 Irresistible Recipes from Classic (Slam-Dunk Brisket) to Adventurous (Smoked Bacon-Bourbon Apple Crisp)*, Workman Publishing Company, USA.

af tips og viden – næsten som en Modernist Cuisine-bog, men bare om barbecue. Steven Raichlen har en rigtig god bog om røg i barbecue, hvor der slet ikke er fokus på at grille.

Igen har jeg lavet en YouTube-playliste[163], som du kan få inspiration fra. Søg blot efter "Gufmad2 – BBQ".

Du kan desuden finde mange opskrifter på sauce og barbecuesaucer i bogen "Barbecue Sauces, Rubs and Marinades"[164] af Steven Raichlen. Hvis du vil lære mere om barbecuens historie i USA, så kan jeg anbefale Adrian Miller's bog "Black Smoke"[165]. Barbecueeksperten Aaron Franklin har også nogle gode bøger[166 & 167] om Texas Style barbecue, som er utroligt spændende læsning, men de er nok mest for nørderne.

I dette kapitel vil jeg gennemgå tre barbecueopskrifter med svinekød. Det er i Danmark både dyrt og svært at anskaffe oksekød med fint intramuskulært fedt, mens det er meget nemmere med grisekød. Når vi barbecuer, så nedbryder vi kollagen til gelatine samt smelter det intramuskulære fedt ved at tilberede *low and slow* med varm røg, indtil der opnås en høj kernetemperatur omkring 90°-101°. Derved forbliver kødet saftigt og mørt, hvor magert kød ville blive tørt og sejt. De tre opskrifter er for henholdsvis **BBQ-mørbrad**, **Sliced BBQ pork** (nakkefilet) og **Barbecue ribs** (kamben).

---

[163] https://www.youtube.com/playlist?list=PLbIY2LRmJZ9elamlE2B0GrCg3ZLEhkb1U

[164] Raichlen, Steven (2017), *Barbecue Sauces, Rubs, and Marinades--Bastes, Butters & Glazes, Too*, Workman Publishing Company, 2. Ed. USA.

[165] Miller, Adrian (2021), *Black Smoke - African Americans and the United States of Barbecue*, The University of North Carolina Press, USA.

[166] Franklin, Aaron & Jordan Mackay (2020), *The Franklin Barbecue Collection [Special Edition, Two-Book Boxed Set]: Franklin Barbecue and Franklin Steak*, Ten Speed Press, USA.

[167] Franklin, Aaron & Jordan Mckay (2023), *Franklin Smoke: Wood. Fire. Food.*, Ten Speed Press, USA.

6.2. Mør og saftig BBQ-svinemørbrad – nem og hurtig barbecue med ægte smag

Jeg starter egentlig lidt omvendt med barbecue. For normalt vil man bruge *low and slow*-metoden på et stykke sejt og kollagenfyldt kød med masser af intramuskulært fedt. Men da dette tager omkring 6 timer at tilberede, så tænker jeg, det er nemmere at afprøve metoden på meget mindre og ofte relativt billige stykker af kød for at øve barbecueteknik og grill-temperaturstyringsteknik. Derudover kan man også se, hvorvidt man kan lide barbecue med røgsmag og bark, eller man hellere bare vil grille det. Uanset metode kan man give kødet barbecuesauce som afslutning.

INGREDIENSER
En svinemørbrad (typisk på 600 g til 800 g, så nok til 2-3 personer)
Lidt amerikansk sennep som *binder*
Barbecue-rub (eller Texas-rub af salt og peber evt. med lidt hvidløgspulver)
Barbecuesauce (genre en lidt sød en til svinekød, men ellers hvad du kan lide)
F.eks. kartoffelsalat og coleslaw som tilbehør

UDFORDRINGER & TRICKS
Det svære ved barbecue er at styre temperaturen på en kulgrill. Samtidigt skal man afklare, om man vil lave rigtig barbecue, hvor kødet røges, eller kun grille og blot afslutte med barbecuesauce.

Det vigtigste er, at man styrer kernetemperaturen, så et stegetermometer er kritisk for at kunne time tingene. Da svinemørbrad allerede er et meget mørt og et ikke så tykt stykke kød, så kræver det kun 20-35 minutter på en gasgrill ved 200°-250° for at nå en kernetemperatur på 60°-70°. På en kuglegrill med kul ved 100°-150° tager det ca. 1-2 timer at nå en kernetemperatur på 60°-70°.

Ved en kernetemperatur på 60° er kødet rosa og meget saftigt, men de fleste (inkl. FDA og USDA) anbefaler, at man kommer over 63° (plus 3 minutters hvile med overførselsvarme). Jeg anbefaler en kernetemperatur på 65° med 3-5 minutters hvile, for så er kødet ikke længere rosa, men er stadig superlækkert, saftigt og mørt. Her tror jeg, de fleste kan være med uden angst for kødet.

Salt: barbecue-rub/Texas-rub

Sødt: kød, barbecuesauce, coleslaw

Syre: coleslaw, barbecuesauce

Bittert: (røgningen af kødet kan give bitre smagstoner)

Umami: kød, barbecuesauce

Fedt: kartoffelsalat, coleslaw

TILBEREDNING

Tænd først op i grillstarteren, og når kullene er godt tændt, så fordeles de i kulbakken eller kulbakkerne, så der er en indirekte zone med en foliebakke under til at opsamle safter og fedt.

Start med at afpudse mørbraden for fedt, og fjern det seje "sølvskind".

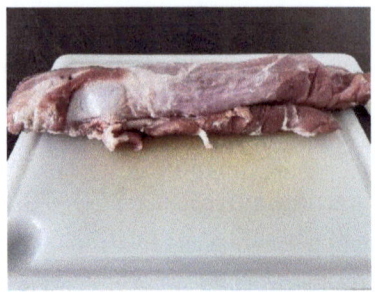

TIP: Lav evt. et stik ind med en kniv, som mørbradens tynde spidse ende kan puttes ind i, og den derved får en ensartet tykkelse i hele sin længde. Når den får varme, steges den "fast" i sig selv.

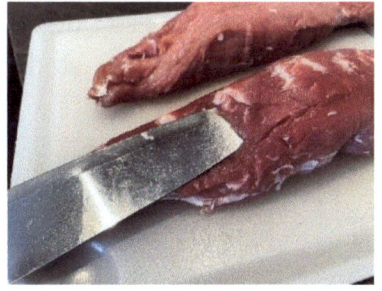
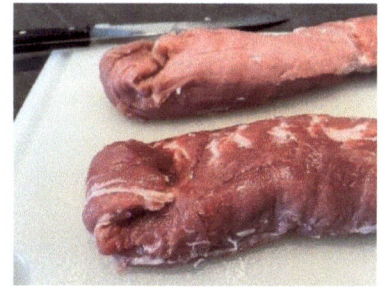

Brug amerikansk sennep (eller olie) som *binder*, og drys godt med barbecue-rub. Du kan også anvende et Texas-mix af salt og peber samt evt. lidt hvidløgspulver som rub. Indsæt termometer.

Læg mørbraden på den varme kuglegrill ved indirekte varme, og tilføj røgflis. Hold temperaturen på ca. 120°. Det kan være svært at styre, så man kommer nemt til at ligge mellem 100° og 175°.

Tilføj mere røgflis efter ca. 15 minutter og 30 minutter. Ønskes der en mere intens røgsmag, så tilføjes yderligere røgflis efter 45 minutter. Husk, at temperaturen nemt falder, hver gang låget løftes, så pas på og hold på varmen. Vær tilbageholdende med røgen, indtil du har testet det et par gange – mad, der er for røget, smager ikke godt, mens mad, der ikke har nok røg, stadig smager fint.

 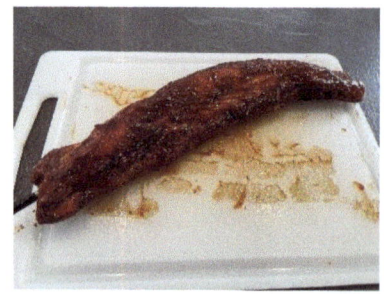 

Når mørbraden nærmer sig den ønskede kernetemperatur og har ca. 10-15 minutter tilbage, så tages den af grillen og pensles med barbecuesauce. Derefter lægges den på grillen igen.

Når den har nået den ønskede kernetemperatur, så tages den af grillen og hviler under alufolie i 3-6 minutter. Bør ikke skæres i for tynde skive, da de derved mister saften og varmen for hurtigt.

Serveres f.eks. med coleslaw og kartoffelsalat til. Rester gemmes til BBQ-sandwicher dagen efter!

Her ses forskellen på hhv. 60°, 65°, 70° og 80° i kernetemperatur:

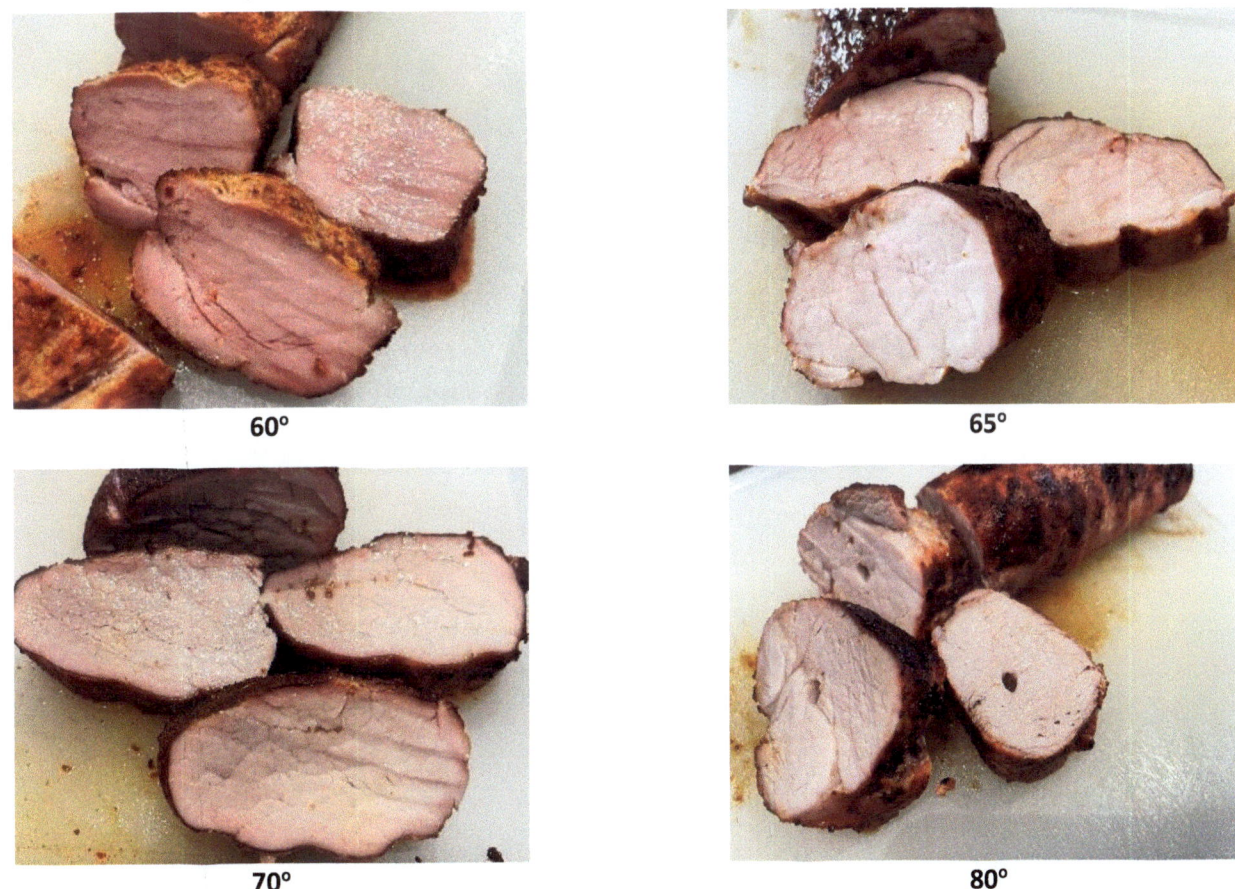

60°

65°

70°

80°

Ved testen (som jeg beskrev i teoriafsnittet) bemærkede vi, at mørbraden med kernetemperaturen på 70° så saftig ud, når den lige var blevet skåret (som ses på billedet), men mistede en del saftighed allerede kort efter, så snart den var kommet over på en tallerken ved servering.

Fotografi 34: Mør og supersaftig BBQ-svinemørbrad med en kernetemperatur på 65°.

6.3. Sliced BBQ pork – pulled pork uden pull...

Jeg bryder mig egentlig ikke om pulled pork, da jeg synes, det altid overdynges med en alt for eddikesur sauce. Ved at trævle kødet fra hinanden, mister man også en del af barbecuesmagen, som er opbygget i barken og røgringen. Så ved at stoppe ved ca. 80° fremfor 92°-96°, hvor kødet falder fra hinanden, kan man lave skiver af barbecue, som har saftighed, mørhed og barbecuesmag af røg, grill, krydderier og saucer. Så kan du spise det som skiver eller i en sandwich, som du vil.

INGREDIENSER
En svine nakkefilet (typisk på 2,0 kg til 3,0 kg)
Lidt amerikansk sennep som *binder*
Barbecue-rub – Du kan evt. selv lave en[168 & 169]
Barbecuesauce (gerne en lidt sød en til svinekød, men ellers hvad du kan lide)
Kartoffelsalat og coleslaw som tilbehør – eller burgerboller, coleslaw, barbecuesauce og tomater

UDFORDRINGER & TRICKS
En nakkefilet har masser af bindevæv og intramuskulært fedt, som skal nedbrydes, før det kan blive en god oplevelse at spise. Derfor skal det tilberedes i lang tid ved *low and slow*, for at kødets yderside ikke brænder på. Kollagenet nedbrydes til gelatine, og fedtet smelter, så selv med en høj kernetemperatur på 80° (plus eftervarme), så vil kødet være saftigt og mørt. Hvis kerne-temperaturen hænger ved 60-70 grader, er det normalt og kaldes *the stall*. Øg evt. blot grillens temperatur med 30°-40° i et stykke tid, indtil kernetemperaturen stiger igen. Dette fremskynder at komme ud af *the stall*.

---

[168] https://pitmasterx.com/recipe/160/pitmasterxs-bbq-pork-rub

[169] https://amazingribs.com/tested-recipes/spice-rubs-and-pastes/meatheads-memphis-dust-rub-recipe/

Salt: barbecue-rub

Sødt: kød, barbecuesauce, coleslaw, (tomater)

Syre: coleslaw, barbecuesauce, (tomater)

Bittert: (røgning kan give bitre smagstoner)

Umami: kød, barbecuesauce, (tomater)

Fedt: kartoffelsalat, coleslaw

TILBEREDNING (forvent ca. 5-7 timer!)

Som ved BBQ-mørbraden laver vi en indirekte zone enten i midten eller til den ene side af grillen. Kødet renses for fedt og brusk, samt gøres mere aerodynamisk, hvorved røgen bedre kan passere henover stegen og sætte sig på den. Desuden vil ingen ting stikke ud, som alligevel vil blive tørt og kedeligt, eller det vil brænde på. Kødet tilføres *binder* og et godt lag barbecue-rub. Derefter indføres stegetermometer i den tykkeste del, og stegen lægges på grillen. Tilføj træflis til røgning. Hold temperaturen på ca. 120°. Når der er gået ca. 30 minutter, tilføjes ny træflis.

Efter en time begynder man at sprøjte med vand, æblemost eller et miks af æblemost og æblecidereddike (4:1 forhold) for at sikre, at stegen ikke tørrer ud, og så den fortsat tager imod røg. Pas på med ikke at sprøjte krydderi og røg af igen, så brug en vandforstøver. Dette gentages hver halve time sammen med tilføjelse af træflis. Tilføjelsen af træflis stoppes der med efter 3 timer.

Når kernetemperaturen rammer 80°, så tages stegen af og smøres ind i barbecuesauce, hvorefter den får yderligere 15 minutter til at sætte saucen, og så den karamelliserer lidt. Derefter tages stegen af og dækkes med alufolie for at hvile i 15 minutter før servering.

Fotografi 35: Mør og saftig *"sliced BBQ-pork"* med lækker barbecuesauce, fin bark og røgring.

6.4. Barbecue ribs – det handler om røg, saftighed og korrekt mørhed

I USA snakker man om *baby back ribs*, *spareribs* og *St. Louis cut ribs*[170]. *Baby back ribs* sidder højt oppe på ryggen (*back*) af grisen, hvor ribbenene ikke er så lange (*baby*), og de er mere bøjede. På dansk kalder man dem kamben, da de sidder under kammen (nogle gange kaldes de også for spareribs eller "gode ben"). Ned langs siden af grisen sidder så det, som i USA kaldes *spareribs*. Tager man *spareribs* og skærer den nederste del med brusk og benenderne af, så har man, hvad der i USA kaldes *St. Louis cut ribs*, og som i Danmark kaldes revelsben[171]. Barbecue af kamben vil typisk have mere kød på end revelsben. Men der vil være mere smag i revelsbenene, da de har mere kollagen og fedt. Derfor skal de så også have længere tid for at blive møre. Typisk vil man ved røgning ved 120° tage 5-6 timer om at lave kambenene eller revelsbenene på grillen.

INGREDIENSER
Nogle rækker (*racks*) kamben eller revelsben – her bruges kamben
Amerikansk sennep
En god barbecue-rub
Æblemost og evt. æblecidereddike til at spritze med
Barbecuesauce (tag den ud af køleskabet i god tid)
Brun sukker
Sirup eller honning
Smør (tag det ud af køleskabet i god tid)
Tilbehør, f.eks. coleslaw, *beaked beans* (hvide bønner i tomatsauce), pomfritter eller bagt kartoffel

UDFORDRINGER & TRICKS
Barbecueben skal virkelig have *low and slow* tilberedning, for ellers er de umulige at tygge. Det er lidt forskelligt, hvor meget folk synes, de skal have. Som grundregel skal der til konkurrencer kunne

---

[170] https://amazingribs.com/wp-content/uploads/2020/10/pork-cuts.jpg

[171] https://www.sousvide20.dk/spare-ribs-kamben-revelsben-hvad-er-forskellen/

tages en bid af kødet på benet, hvor der skal være tandmærker i kødet, og kødet skal slippe benet helt, så knoglen er ren. Dette passer med en kernetemperatur på omkring 92°-96°. Andre foretrækker *fall off the bones ribs*, men de bør stadig være, så kødet sidder fast på benet, indtil man bidder i det. Dette sker, når der er en kernetemperatur på omkring 99°-101° ifølge podcaster, barbecueekspert og pitmaster Malcom Reed[172] fra barbecue-turneringsteamet "Killer Hogs". Går du over 101° C (svarende til 215° F), så falder kødet selv af benene, og de har blot fået for meget.

Udover behov for afpudsning, så har både kamben og revelsben en membran/hinde på bagsiden, som bør fjernes. Dette klares let med en smørekniv for at komme under den og køkkenrulle til at holde fast med. Ved kamben løftes i midten, mens revelsben med fordel løftes i den ene ende.

På et tidspunkt har ribbenene fået tilpas røg og nok varme på overfladen, også selvom man spritzer dem med forstøvet vand, æblemost eller æblemost med æblecidereddike. Så der vil det være på tide at pakke dem ind. Dette er typisk efter 2-3 timer, når kernetemperaturen er nået over 70°.

For at sikre saftige ben, så bruges både *wet-brining* i en time med kambenene og en *water-pan*.

TILBEREDNING (forvent ca. 6-7 timer i alt!)
Først fjernes membranen/hinden på bagsiden. Skub en smørekniv ind under midten på kamben og løft op, så du kan få fat under med køkkenrulle. Så kan hinden nemt trækkes af i et stykke.

---

[172] https://www.youtube.com/watch?v=TT8HSqOt91I&t=1185s

Nu skal de i en *wet-brine* for at sikre ekstra saftighed. I en stor gryde rulles kambenene sammen på deres yderside, da bensiden bedre kan strækkes. De tildækkes med vand for at se, hvor meget der er krævet. Nogle vælger at *dry-brine* i stedet.

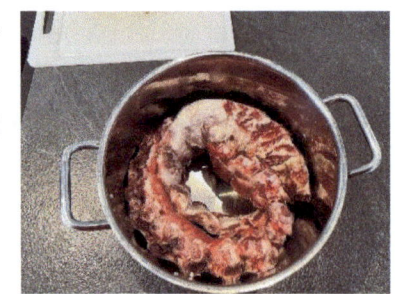

Vandet (krævede 2½ liter) hældes over i en anden gryde og tilsættes 125 gram salt med 125 gram sukker (5 %). Er der allerede en del salt i den barbecue-rub, der skal anvendes senere, så skal saltet justeres lidt ned. Rør rundt, indtil sukker og salt er opløst.

Kambenene sættes på køl i **en time**. Derefter tages de op af vandet og tørres godt af med køkkenrulle.

Kødet renses nu for fedt og brusk samt gøres mere aerodynamisk, hvorved røgen bedre kan passere henover benene og sætte sig på det. Desuden bør ingenting stikke ud, som alligevel vil blive tørt, kedeligt og branket. Kambenene tilføres lidt *binder*, der smøres godt ud.

De tilføres nu et godt lag barbecue-rub på begge sider, som dubbes lidt med fingrene, så det bedre sidder fast. Kambenene hviler, mens kullene bliver klar og grillen sat op.

Der kan med fordel tilføjes kogende vand i foliebakken under ribbenene for at have mere fugt i grillen og derved bedre sikre, at benene bliver saftige, da de beskyttes mod udtørring og tager imod røg. Bruges der koldt vand, skal grillen bruge meget energi på at opvarme vandet, og temperaturen falder i grillen.

Som ved BBQ-mørbraden laves der en indirekte zone enten i midten eller til den ene side af grillen. Med flere rækker af ribben (*racks*), laver man kun en direkte zone i den ene side, så der er plads til to til tre rækker ben. Ribbenene skal så bytte plads løbende.

Note: Kan du holde temperaturen stabil omkring 120°, så er to timer først ved indirekte varme, derefter to timer indpakket ved indirekte varme og endelig 30 minutter med BBQ-sauce på at forvente i tilberedningstid på grillen, derved behøver du ikke måle kernetemperaturen hele tiden.

Kambenene lægges på grillen, og der tilføjes træflis for at give røgning. Temperaturen holdes på ca. 120° hele tiden. Hvis du har lagt mange kul på, så kan det være svært at holde den nede.

Efter 15 minutter tilføjes igen træflis ved at løfte låget lidt i siden ved kullene for at holde på varmen. Man kan også have en røgkasse med træflis, så al træflis ikke brænder så hurtigt og samtidigt.

Efter 45 minutter flyttes benene rundt til nye pladser, og de spritzes for første gang – pas på med, at den er sat til forstøvning, så røg og krydderier ikke vaskes af!

Træflis lægges fortsat på efter hvert kvarter, hvor man passer på, at varmen ikke forsvinder.

Efter 1½ time flyttes benene igen til ny pladser og vendes i retning, så en anden side er hen imod kullene. Der tilføjes træflis og spritzes igen. Man kan se, benene langsomt tager farve. Efter **2 timer** måles temperaturen.

Mine kamben lå på en temperatur mellem 65° og 75°, så de fik lige 15 minutter ekstra med mere træflis og et spritz for at holde dem fugtige, efter de blev vendt og flyttet til nye pladser. De skal gerne ligge på over 70° alle steder, du måler.

Nu er det på tide at gøre klar til at pakke kambenene ind i alufolie med smør, sirup, barbecuesauce og brun sukker. Disse ingredienser skal helst ikke være for kolde, så temperaturen sænkes for meget. Brug to lag alufolie, så der er mindre risiko for, at de prikkes hul i af en spids benende.

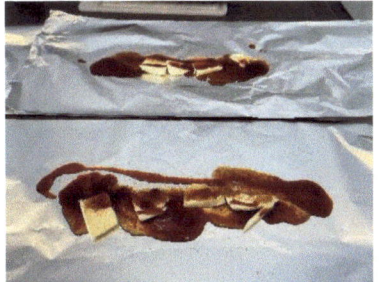 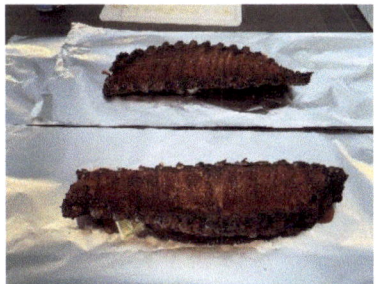 

Derefter lægges de på grillen igen, og kambenene skal nu ligge og koge og dampe med kødsiden nedad, indtil de bliver dejligt møre. Du bør også tilføje lidt flere kul på grillen.

Kernetemperaturen måles igen efter ca. 60 minutter. Pas på ikke at stikke temperaturmåleren helt igennem kambenene og lave hul i alufolien på den anden side. Man kan på dette tidspunkt også tage teknologien i brug og give benene resten af tiden i ovnen, hvor temperaturen er nemmere at styre. Men uanset, så skal de lige grilles til sidst ved indirekte varme med barbecuesauce på, så vi er ikke færdige med grillen. Forvent omkring **to timer**, før kernetemperaturen stiger til 90°+.

Når du skal tjekke temperaturen med et termometer, åbner du alufolien forsigtigt. Pas på fingrene, og hav evt. bomuldshandsker på indenunder nitrilhandsker egnet til madlavning. Du skal også passe på med ikke at stikke hul igennem alufolien på bagsiden, når du måler temperaturen forskellige steder.

Når du kan måle en kernetemperatur på 92° eller 97° for hhv. *al dente ribs* og *fall off the bones ribs* ved flere steder mellem kambenene, er det tid til at tage dem ud af alufolien for at pensle dem med barbecuesauce på begge sider.

Derefter får de **ca. 30 minutter** ved indirekte varme, indtil barbecuesaucen har sat sig og kernetemperaturen er steget et par grader. Så er de klar til servering. Lad dem evt. først hvile et par minutter under et låg af alufolie. Serveres f.eks. med coleslaw, *beaked beans*, pomfritter eller en bagt kartoffel. I alt tog det ca. **4½ time** på grillen for mig. Dertil kom klargøringen med *wet-brine* og opstart af grillen. Mere kødfyldte ben kan kræve lidt mere tid, så mål temperaturen.

Det er op til dig selv at styre smagen og smagsoplevelsen ved anvendelse af forskellige *rubs* og barbecuesaucer. Indtil videre er min favorit barbecuesauce og rub hhv. "Blues Hog Champions Blend BBQ Sauce"[173] og "Blues Hog Dry Rub Seasoning"[174] fra det vindende BBQ-team "Blues Hog"[175]. Jeg har selv bestilt rubs hjem fra USA eller online butikker for at teste dem bl.a. Bad Byrons[176] "Butt Rub"[177] samt Meat Churchs "Honey Hog BBQ Rub" og "Holy Gospel BBQ Rub"[178].

---

[173] https://tinyurl.com/4v9wv85v

[174] https://tinyurl.com/mrx9wmjp

[175] https://blueshog.com/pages/our-story

[176] https://www.youtube.com/watch?v=AxoUt0Ya6lo

[177] https://tinyurl.com/4t4t3rsm

[178] https://www.youtube.com/watch?v=ztrX6A0byh0

Fotografi 36: Lækre, saftige og møre BBQ-ribs af kamben lavet på kuglegrill.

Fotografi 37: Lækre, saftige og møre BBQ-ribs med smagfuld barbecuesauce, røgring og fin bark med barbecue-rub.

Homestyle Burgers

Billede 07: ChatGPT "Generate a photorealistic image of a flattop grill with thick steakhouse burger patties sizzling, and some fully assembled burgers with cheese and tomatoes"

7. Homestyle Burgers – de kan være både nemme og gode!

Den første "Fast Food" i Danmark var nok pølser serveret fra pølsevogne, der siden 1921[179] har været en fast del af bybilledet alle steder, selvom de nu er ved at forsvinde. Senere i 1949[180] kom burgeren til Danmark i form af bøfsandwichen, efter at en ven til Oscar Pettersson havde været i USA. Oscar fik ideen til bøfsandwichen, og den første blev langet over disken 5. maj hos Oscars Bøf Bar på Bakken. Næsten samtidig åbnede den første kinesiske restaurant i Danmark[181], men vi skal frem til 1950'erne, før den første Kina Grill blev åbnet. Grillkyllingen blev fra midten af 1960'erne en populær take-away og kom lige så ubemærket ind i danmarkshistorien som grillbaren[182], hvor ordet grillbar officielt blev optaget i det danske sprog i 1968. Men burgeren blev formodentlig først rigtig kendt i Danmark, efter at Burger King rykkede ind i landet i 1977[183]. I 1980 åbnede den første kebab[184]- eller shawarmabar i Danmark. Først i 1981[185] fulgte McDonald's trop og åbnede sin første burgerrestaurant i Danmark.

Vi er nok mange over 40 år, som forbinder McDonald's' burgere (og/eller Burger Kings burgere) med gufmad. Som barn var det noget, man sjældent fik, da der ikke var råd til at spise ude. Og i ungdommen blev det næsten et nødvendigt middel dagen derpå efter en våd aften – specielt nytårsdag. Igennem de sidste mange år siden år 2000 ser man, at børn og teenagere mødes på McDonald's for at "hænge ud" og spise. Men hvorfor er vi så vilde med de gyldne buers og kongekædens burgere?

---

[179] https://www.poelsevognenforevigt.dk/

[180] https://www.bakken.dk/mad-drikke/cafeer-is-fastfood/oscars-bofbar/

[181] https://danmarkshistorien.dk/vis/materiale/kinesisk-mad-i-danske-maver-kinagrillens-danske-historie

[182] https://www.rosekylling.dk/Om-ROSE-kylling/rose-kylling-70-ar/kyllingen-i-dansk-madkultur/

[183] https://da.wikipedia.org/wiki/Burger_King

[184] https://www.euroman.dk/kultur/den-rullende-historie-om-kebabben

[185] https://da.wikipedia.org/wiki/McDonald%27s_Danmark

I bund og grund er der jo ikke meget forskel på Burger Kings Whopper eller andre af deres burgere i forhold til McDonald's' forskellige burgere. Hvis man ser på indholdet, så handler det om kød, mayonnaise, tomat, salat, løg, agurk, ketchup, bacon, ost, samt om bøffen er flammegrillet eller ej. Det er lidt de samme parametre, de to kæder konkurrerer på. På gourmetburgerne, som de kommer ud med hele tiden og evt. sammen med kendte kokke, kommer der nye ingredienser til, f.eks. syltede løg, ristede løg, smokey mayonnaise, paprikamayonnaise, BBQ-sauce, bearnaise-sauce, chili-relish eller en speciel ny sauce. For deres specielle og populære klassikere hos McDonald's er det specielt saucerne, som definerer burgerne, og som vi alle kender.

Deres *special sauce*[186] er elsket af de fleste og definerer nok mest en Big Mac®. Den har været på markedet i USA siden 1968, hvor franchiseejeren Jim Delligatti udviklede den specielt til burgeren. Dens opskrift har været en stærkt bevogtet hemmelighed i mere end 50 år, så saucen sendes efter sigende stadig i færdige bøtter ud til restauranterne, fremfor de selv skal lave den.

Ifølge nyheder[187] skulle McDonald's' canadiske Executive Chef, Dan Coudreat, have delt deres hemmelige opskrift på YouTube[188]. Om det så er den helt rigtige opskrift eller ej, vides ikke, men der findes utroligt mange forskellige "*copy-cat*" kopi-versioner online[189]. McDonald's-koncernen skriver på deres amerikanske hjemmeside, at opskriften endnu ikke er blevet knækket:

"Introduced in 1968 as the perfect sauce to top off a Big Mac®, the coveted Big Mac Sauce recipe has now been fine-tuned (and uncracked by fans, chefs or food bloggers) for 50+ years." [190]

Alle kan købe flasker med standard burgerdressing i supermarkedet til at anvende, når de laver burgere derhjemme. Men disse smager desværre typisk mest af Thousand Island salatdressing,

---

[186] https://www.thedailymeal.com/1392406/mcdonalds-big-mac-sauce-history/

[187] https://www.youtube.com/watch?v=I3QHp0M1YaE

[188] https://www.youtube.com/watch?v=c4QOHBuloG8

[189] https://www.seriouseats.com/the-burger-lab-building-a-better-big-mac

[190] https://www.mcdonalds.com/us/en-us/product/big-mac-sauce.html

og de gør ikke den hjemmelavede burger til noget specielt. Vi har derfor brug for nogle gode burgersaucer, og de må gerne være noget i stil med McDonald's' *special sauce* og deres *tasty sauce* for at lave burgerne derhjemme til gufmad.

Det, som gør dem gode, er, at saucen komplimenterer bøffen med syre, sødme, stærk eller en pikant krydret smag. Det betyder faktisk ikke noget, at det ikke er den helt rigtige *special sauce* fra Big Mac® eller *tasty sauce* fra Big Tasty®, så længe vi får en tilsvarende smagseffekt. Det er godt nok til at lave gode burgere selv, hvis bare de er rimelig tætte på smagene af de originale.

Jeg har derfor valgt at tilføje en **burgersauce a la Big Mac®**[191], dvs. i stil med Big Mac®'ens *special sauce* – den er tæt nok på originalen og samtidigt god nok til at gøre hjemmeburgerne til gufmad. Samme gælder for Big Tasty®-saucen, hvor jeg har medtaget en **burgersauce a la Big Tasty®**[192]. Endvidere har jeg fundet en lidt anderledes **burgersauce a la Norma**[193] fra en Food Truck i Australien, der har skabt lidt sensation på sociale medier "Down Under". Og så vil jeg lægge op til, at du eksperimenterer med at skabe din **egen burgersauce** med inspiration fra de tre andre saucer og med viden om smag og smagsoplevelse fra første bog i denne serie.

Derefter ser jeg på to forskellige burgere, som alle kan lave hjemme. Jeg vil kalde dem de to primære *stile* af burgere, da tilberedningsmetoderne er markant forskellige fra hinanden. Der er tale om **smashburgeren** og **steakhouseburgeren**, som nogle gange også navngives *Diner Burger* og *Steakhouse Steakburger*. Derudover findes med denne definition også andre stile af burgere, men de er ikke ret udbredte og slet ikke i Danmark. Jeg vil ikke gå meget ind i *typer* af burgere, for ligesom ved pizzatyper så findes der et utal af ingredienser, som man kan putte på sin burger uanset stilen, og smag og behag er desuden forskellig. Derfor giver det heller ikke her (ligesom ved pizza) mening at analysere smagsbalancen på de to burger-stile.

---

[191] https://domesticsuperhero.com/big-mac-sauce-copycat-recipe/

[192] http://tinyurl.com/299utacj

[193] https://www.youtube.com/watch?v=J1rk0-KEUMc

7.1. Burger-teori – øh, hvad for noget?!

De fleste har nok prøvet at lave burgere derhjemme – enten på grillen eller på en pande. Men flertallet har nok også samme oplevelse af, at deres egne burgere slet ikke minder om de burgere, som man får på grillbarerne eller hos fastfood-kæderne. Flade bøffer bliver til små tørre og hårde kugler fremfor saftigt og mørt kød. Da bøffen trækker sig sammen på midten, så bliver de fleste bidder af burgeren uden bøf, og noget af fyldet smutter altid ud på bagsiden. Og sidst men ikke mindst, så bliver burgerbollen gennemblødt og opløses af ketchup, mayonnaise, burgerdressing samt saften fra tomatskiverne, så burgeren falder fra hinanden eller indholdet falder ud. Hvorfor?!

Myosin

Kød indeholder et protein kaldet myosin. Når kød hakkes, og når kødfars æltes sammen, så får dette myosin til at binde sig til hinanden som en gel, der stort set virker som en slags kødlim. Det er derfor, kødet trækker sig sammen, så det krymper og får den hårde, gummiagtige tekstur[194].

Så hvis man ønsker at minimere udviklingen af myosinbinding, så skal man enten 1) hakke kødet grovere, 2) forme burgerbøfferne af løst sammenpresset kød, eller man skal 3) mase kødet ud på panden, så det bruner, hvilket binder proteinet, som så holder formen.

Første metode er kun mulig, hvis du selv hakker dit kød, hvorfor bogens fokus vil være på de næste to muligheder via **steakhouseburgeren** og **smashburgeren**. Man bør også anvende kød med en ret høj fedtprocent (omkring 14-20 %), da fedt sikrer, at kødet forbliver saftigt, overfører smag og binder kødet sammen, så det ikke smuldrer.

Man kan modvirke denne sammentrækning yderligere for en burger eller hakkebøf ved at lave en fordybning med tommeltotten i midten af bøfferne, så de både trækker sig mindre sammen og beholder deres flade bøf-form. Se markeringen med cirklen på billedet, der ses på næste side.

---

194 https://www.youtube.com/watch?v=TMy97MNliTA

Burgerstile

Som omtalt i indledningen til burgerafsnittet, så betragter jeg disse to stile af burgere som de to primære stile, og det er, fordi deres tilberedning tager højde for udfordringerne med myosin.

Burgereksperten George Motz fortæller, hvordan der nogle (få) steder i Amerika tilberedes burgere på mange andre måder, hvor de frituresteges[195], koges[196], dampes[197], røges[198] eller grilles oprejst[199] (næsten som ved kebab/shawarma). Nogle af disse måder er blot yderligere tilberedning af de to primære burgerstile, f.eks. frituresteges der en allerede *smashed* kugle af kød, eller en løst samlet burger koges eller tilberedes med indirekte varme og røg på en grill, når den røges.

Hvis en løst sammenpresset burger grilles, pandesteges, røges eller koges, så er stilen i mine øjne den samme, men resultatet kan have forskellige smagsnuancer pga. de forskelligt anvendte varmebehandlinger med enten konduktion, konvektion og/eller stråling samt evt. røg, smør esv.

---

[195] https://www.youtube.com/watch?v=BwBU5BjRT28

[196] https://www.youtube.com/watch?v=5aHgoow2_yE&t=80s

[197] https://www.youtube.com/watch?v=FUWl1OtwZuI

[198] https://www.youtube.com/watch?v=3NS3JHMfUDE

[199] https://www.youtube.com/watch?v=E12_Be__kHM

Samme gælder, hvis en kødkugle mases (*smashes*) helt eller halvt flad på en pande/grillplade eller ud på bagepapir[200] før friturestegning, eller før den grilles. Så vil den stadig være mast helt ned, så den holder formen, eller være løst pakket, så bøffen har minimal udvikling af myosin.

Tilberedning af burgerboller

Vi har i Danmark vist en generel tendens til at riste burgerbollen forkert ved at bage den hel i ovnen eller på grillen, så den er sprød udenpå og blød indeni. Men man får en meget bedre burger ved at riste den overskårne bolle på indersiderne og gerne med lidt smør eller mayonnaise på, så den opnår lidt sprødhed og bedre kan modstå sauce samt fedt og væsker fra bøffen og grøntsagerne uden at blive helt gennemblødt og smattet (*soggy*).

Rist bollernes inderside smurt med smør eller mayonnaise på en grill, pande eller stegeplade. Den ristede inderside giver sprødhed (*crunch*) i biddet, mens det gør det nemmere at holde fast på indholdet og forhindrer bollen i at blive smattet. Varmen fra ristningen luner bollen igennem og bibeholder den bløde og luftige følelse, når man holder den i hænderne.

Burgerbollen er navngivet[201], så overbollen kaldes *crown*, dens underbolle kaldes *heel*, mens en midterbolle kaldes *club*, som anvendes i en *double deck* hamburger, hvilket f.eks. en Big Mac® er.

---

[200] https://www.youtube.com/watch?v=yUG9ZXhJEbg

[201] https://www.youtube.com/watch?v=czs92FP9z6Q&t=153s

Smag i burgeren

Vi kan med forskellige saucer og fyld skabe nye eller genskabe kendte typer af burgere med forskellige smagsprofiler. Men den primære smag af burgeren kommer fra kødets tilberedning. Ved smashburgeren opnår vi primært smag fra kødets egen smag og fra Maillard-reaktionen, når kødet mases ned mod stegefladen og holdes presset mod stegefladen i 10 sekunder. Ved steakhouseburgeren har vi naturligvis også smag fra kødet og fra den Maillard-reaktionen, der opstår, når kødet varmebehandles. Men ved grilning og barbecue (røgning) opstår der yderligere aromaer, som tilføjes kødet fra røgen, der opstår fra fedtet, når det drypper ned på kullene (eller på varmt metal ved en gasgrill), samt fra røgningen, hvis der laves barbecue med røg.

Tips til at grille hakket kød

Da hakket kød er mere porøst end en god steak, så river man den nemt fra hinanden, hvis man prøver at vende burgerbøffen for tidligt. For at minimere risikoen for dette, så kan du gøre 5 ting:

1. Rens risten på grillen godt, så kødet ikke har noget at stege sig fast i.
2. Efter rensning kan man kort smøre lidt olie på risten med pensel eller køkkenrulle.
3. Frigør bøffen fra grillristen med en spatel og ikke med en pølsetang/grilltang.
4. Prøv forsigtigt at se, om bøffen frivilligt slipper risten, ellers vent blot lidt.
5. Frigør bøffen fra grillristen med en spatel i samme retning som (dvs. parallelt med) rillerne i grillristen.

Inspiration til burgere

Ud over den viden, du kan finde i bøgerne om barbecue og grilning, som jeg anbefalede tidligere, så kan du med fordel anskaffe dig burgerbøgerne af George Motz og Walton-tvillingerne, der ses på næste side. Det er her, du kan finde masser af inspiration til forskellige typer af burgere og kan lære om de mange regionale burgere, som findes rundt omkring i Amerika og verden. George har endda den danske bøfsandwich med i sin bog, hvor han har besøgt "Oscars Bøf Bar" på Dyrehavsbakken nord for København.

Fotografi 38: Gode bøger om burgere[202 & 203].

Du kan også finde min playliste på YouTube om burgere[204], som jeg har lavet til bogen. Søg blot på "Gufmad2 – Burgers". Der vil du se en masse regionale amerikanske burgere med George Motz samt utallige andre gode og spændende burgere med andre kokke/pitmasters/barbecueeksperter.

Og husk så lige til sidst, at der ikke skal løg, æg, rasp eller mælk æltes eller røres ind i burgerkødet – det kaldes et farsbrød (og har desuden en stor udvikling af myosin)!

---

[202] Motz, Geroge (2023), *The Great American Burger Book – How to Make Authentic Regional Hamburgers at Home*, Expanded and Updated Edition, Abrams Books, USA.

[203] Walton, Adam & Brett Walton (2023), *Smashed – 60 Epic Smash Burgers and Sandwiches for Dinner, for Lunch, and Even for Breakfast*, Harvard Common Press, USA.

[204] https://www.youtube.com/playlist?list=PLbIY2LRmJZ9dmj7YClcsp5EK5jGJoC1Mp

7.2. Ingrediens – burgersaucer

Man kan lave en burgersauce på mange måder. Typisk vil det være mayonnaise samt evt. lidt ketchup og sennep som base til at bygge smagen videre fra med yderligere smage og aromaer.

Big Mac® fra McDonald's er en global succes, som de fleste kender og elsker. Syrligheden i saucen fra eddike samt sødmen fra agurkerelish, mayonnaise og barbecuesauce/ketchup skaber sammen med krydderierne en lækker syrlig og sød kontrast til bøffen og osten. Big Tasty® fra McDonald's er også en populær burger med en meget karakteristisk burgersauce, som smager lidt af røg, med søde toner og uden syre. Her er to "tæt på og gode nok"-versioner af McDonald's-saucerne[205].

Derudover er her en ultra-simpel opskrift på en spændende stærk-sød burgersauce fra "Norma's - Burger Bar" drevet af det italienske par Agnese and Massimo. De har en Food Truck i Australien, hvor de har skabt en viral sensation[206] på sociale medier ved at blande amerikansk/australsk burgerkultur med deres italienske rødder. Saucen er både sød og stærk på samme tid. De har villigt og venligt delt opskriften på deres berømte "Bearded" burgersauce[207]. De anvender desuden stegt bacon, som er dyppet i ahornsirup, i deres "The Bearded 2"-burger – en superfed smag!

Din egen burgersauce

Som dækket i bogen "Gufmad 1", så gælder det om at have nok balance i smagen. En god burgersauce skal kun lige kunne give nok modspil til de andre ingredienser i burgeren – kød, ost, fyld. Så hvorfor ikke lege med det og udvikle din egen personlige sauce? Start med at vurdere, hvilken retning saucen skal tage for at balancere summen af de andre ingredienser, som du eller familien plejer at foretrække i jeres burgere. Og husk, at burgerne skal stadigvæk smage af burger! Skal bøf og ost have modspil med syre? Skal tomat have modspil af salt?

---

[205] https://domesticsuperhero.com/big-mac-sauce-copycat-recipe/ - OG - http://tinyurl.com/299utacj

[206] https://medium.com/@TBCAU/normas-burger-bar-a-food-truck-star-is-born-f5d765bc6193

[207] https://www.youtube.com/watch?v=J1rk0-KEUMc

A la Big Mac®

INGREDIENSER

1 dl/100 g mayonnaise

2 spiseske agurkerelish
(f.eks. fra Beauvais)

1½ spiseske amerikansk sennep
(f.eks. Frenchs)

½ spiseske røget barbecue-
sauce eller ketchup

1 spiseske hvid eddike

½ teske hvidløgspulver

½ teske løgpulver

½ teske stødt paprika

¼ teske fint salt

A la Big Tasty®

INGREDIENSER

1 dl/100 g mayonnaise

1½ teske amerikansk sennep
(f.eks. Frenchs)

1 teske røget barbecuesauce

1 teske soyasauce

1 teske brun farin, lys sirup eller
mørk sirup

½ teske ristetsesam-olie

¼ teske røget paprika
(eller almindelig paprika)

½ teske fint salt

½ teske fintkværnet peber

½ teske flydende røgaroma

A la Norma

INGREDIENSER

1 dl/100 g mayonnaise

1 spiseske ahornsirup

1 spiseske Srirachasauce

Burgersauce a la Big Mac®

Burgersauce a la Big Tasty®

Burgersauce a la Norma

TILBEREDNING

Ingredienserne røres godt sammen i en skål. Sættes derefter tildækket på køl i helst en times tid før anvendelse, så smagene og aromaerne bedre kan udvikle sig og blandes mest muligt.

INGREDIENSER TIL DIN EGEN BURGERSAUCE

Base

Mayonnaise

Salt

Salt

Soyasauce

Maggi-sauce/Worcestershiresauce

Surt

Agurkerelish (f.eks. fra Beauvais)

Eddike, vineddike eller æblecidereddike

Citron- eller limesaft

Ketchup

Creme fraiche, yoghurt naturel

Sødt

Ahornsirup (Maple Syrup)

Srirachasauce, sød chilisauce

Agurkerelish (f.eks. fra Beauvais)

Amerikansk sennep (f.eks. Frenchs)

Paprika

Barbecuesauce/ketchup

Sukker, brun farin

Honning, sirup

Tomatsauce

Soltørrede tomater/koncentreret tomatpuré

Bittert

Amerikansk sennep (f.eks. Frenchs)

Sort peber

Kaffe

Umami

Soyasauce

Soltørrede tomater/koncentreret tomatpuré

Ketchup/tomatsauce

Maggi-sauce/Worcestershiresauce

Fiskesauce/østerssauce

Parmesanost

Umami-mix/MSG-pulver

Fedt

Ristetsesam-olie, jordnøddeolie, olivenolie

Smør, baconfedt

Creme fraiche, yoghurt naturel

Kokumi

Hvidløgspulver/hvidløg

Løgpulver/løg

Soyasauce/fiskesauce

Parmesanost

Røg

Barbecuesauce (med røgsmag)

Flydende røgaroma/røget paprika

Baconfedt

Stærkt

Sort peber/stærk sennep

Stærk paprika

Chilipulver/chilisauce (Tabasco)

Fotografi 39: Burgersauce a la Big Mac® – ganske tæt på den originale special sauce og god nok!

7.3. Smashburgeren – den meganemme måde til supergode burgere!

I Danmark har vi hidtil nok haft et begrænset kendskab til *smashburgers*, men det er en supernem måde at stege en saftig bøf med god stegeskorpe, der passer til burgerbollen i størrelse. Det har ifølge "Burger Scholar" George Motz[208] været den primære måde at lave burgere på, siden burgeren blev populær i USA, da man havde brug for hurtigt at kunne servere til kunderne, så man kunne tjene flere penge. Ved at mase bøffen kan man stege den hurtigere, end hvis den ligger som en tyk bøf på panden, der skal steges i meget længere tid for at blive gennemstegt.

INGREDIENSER
Burgerboller – f.eks. sesam-burgerboller eller brioche burgerboller – typisk den lille størrelse
Standardfyld – f.eks. tynde skiver af tomat, løg og/eller agurk, strimlet salat, smelteost/skiveost
Specielt fyld – f.eks. baconskiver, spejlæg, ristede løg, eksotiske oste
Hakket oksekød – helst med 14-20 % fedt
Saucer – burgersauce, sennep, mayonnaise, ketchup, barbecuesauce m.m.

UDFORDRINGER & TRICKS
Der skal bruges lidt simpelt udstyr til at lave smashburgere:

Grillplade – Bøffen skal steges på en flade, så man kan mase den tynd. Det kan eksempelvis være en pande og gerne en støbejernsstegepande, men det kan også være en grillplade, så man kan stege bøfferne udenfor på grillen. Jeg anvender ofte selv en billig med teflonbelægning fra jem & fix[209], men det ideelle ville være en af støbejern (uden emalje), da de billige grillplader med teflon eller emalje ikke så godt tåler en palet af stål og evt. slår sig ved meget høj varme. En pande virker, men gør det svært at lave mad til flere personer.

---

[208] https://heritageradionetwork.org/episode/americas-burgers-george-motz
[209] https://www.jemogfix.dk/grillplade-helstoebt-49-5-x-27-3-cm-grillexpert/2133/9052674/

Burgerpresser – En kraftig flade med håndtag[210] på til at mase burgerbøfferne, når der laves smashburgere på stegefladen. Ikke at forveksle med en burgerpresser til at forme burgere i bestemte størrelser med (det er forvirrende, når de hedder det samme). Der findes nogle versioner af støbejern, som også er tiltænkt, at de med deres vægt skal holde en steak nede for bedre kontakt til at opbygge stegeskorpe. Men de kan ruste og skal behandles mere. Rustfrit stål er nemmest til smashburgere. Du kan i en snæver vending bruge bunden af en gryde. Det nemmeste er altid at have et stykke bagepapir evt. revet i halve eller kvarte, så burgerpresseren ikke har direkte kontakt med kødet. Du kan også bruge burgerpresseren til lige at gøre steakhouseburgere mere flade og lidt større, så der er plads til, at de krymper lidt under grilningen. Det er vigtigt, at man både maser burgeren flad med burgerpresseren og derefter holder bøffen presset ned mod stegefladen i 10 sekunder for at opnå en god stegeskorpe på bøffen[211].

Prøv at starte med en ret simpel burger, hvor du stadig kan smage kødet, og hvor fyld og sauce blot komplimenterer det. Vi kan have en tendens til at overdøve bøffens smag med for meget fyld og sauce, så start f.eks. med noget helt simpelt fra burgerens spæde år: bolle, bøf, sennep og løg.

Mange tror fejlagtigt, at kødets saft og fedt mases ud ved en smashburger, men man maser den jo, før kødet er stegt og fedtet er smeltet. Kun hvis man maser begge sider, mister man saftighed.

TILBEREDNING
Som nævnt, så foretrækker jeg at have en relativt simpel burger, hvor kødsmag, smagsbalance og umami er i fokus via tomat, salat, bøf, ost og burgersauce. Så den type laver jeg her.

---

[210] Eksempelvis en af disse:
https://www.kunstogkokkentoj.dk/product/burgerpresse-staal-oe-15-cm-ilsa
https://www.gastrotools.dk/products/smasher
[211] https://www.youtube.com/watch?v=kBHZBTXDBW4

Rist bollernes inderside smurt med smør eller mayonnaise på en pande eller stegeplade. Gem dem i en brødkurv, så de holder varmen lidt. Kan evt. også bare bages i ovnen.

Snit en stor tomat eller to i relativt fine og tynde skiver (så de ikke glider ud af burgeren ved første bid).

Snit salat i trimler, skyl det godt, og dræn vandet fra.

Varm panden eller grillpladen op til høj temperatur, og put lidt olie på – brug typisk solsikke-, raps- eller majsolie, da de kan tåle højere temperaturer uden at brænde på. Der er en del fedt i kødet, så der skal ikke bruges meget olie.

Lav kødfarsen om til let formede (pres den ikke hårdt sammen!) kugler på ca. 80-100 g (størrelsen er lidt større end en golfbold) med en diameter på ca. 5 cm.

Læg bøfkuglen/bøfkuglerne på panden, og smør olien ud med cirkulære bevægelser, så panden eller grillpladen er godt olieret der, hvor bøffen/bøfferne skal stege.

Mas hver bøf meget tynd (3-4 mm.) med en burgerpresser eller bunden af en gryde – put bagepapir imellem, for at bøfferne ikke sidder fast på presseren/gryden. Steg, indtil safterne, der siver op på overfladen, ikke kun er rød saft (myoglobin fra kødet[212]), men er blandet med klar saft (fedt fra kødet). Så vil bøffen typisk være korrekt stegt og have en god stegeskorpe.

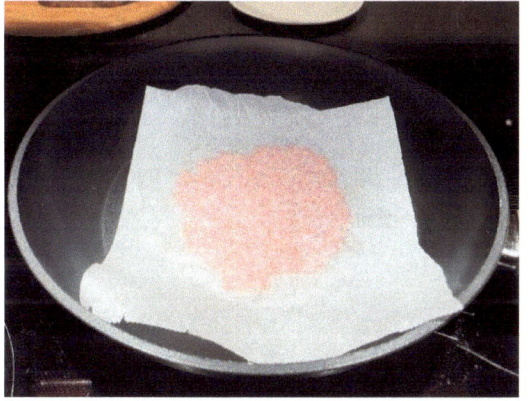 

Vend bøffen, og steg den igen, indtil den røde saft kommer frem. Nu er det tid til at lægge osten på. Luk evt. til omkring hver bøf med en skål, så varm og fugtig luft er med til at smelte osten, fremfor at den skal steges igennem bøffen for at smelte. Tag bøffen af, når osten er klar.

---

[212] https://livsstil.tv2.dk/sundhed/2016-10-16-det-roede-i-din-boef-er-ikke-hvad-du-tror

Der er næsten en hel videnskab i, hvordan man samler burgeren[213] – se bare på de mange forskellige burger-emoticons. Vil et salatblad i bunden blokere tungen fra at smage bøffen? Vil tomat og agurk i bunden forhindre dem i at glide ud, når man bider i den? Jeg synes, følgende fremgangsmåde virker ganske fint:

1. Først bunden af bollen med måske lidt mayonnaise og ketchup (eller burgersauce) på.
2. Så placeres lidt salat i strimler ovenpå til at give friskhed og sprødhed (*crunch*).
3. Derefter tilføjes bøffen med smeltet ost ovenpå.
4. Så 2-3 tynde tomatskiver, der er højst 2-3 millimeter tykke, så de ikke så nemt glider ud.
5. Endelig afsluttes der med overbollen, hvor burgersauce er smurt på.
6. Husk, at man også kan lave en smashburger med to bøffer, hvis man vil have mere kød!

[213] https://www.youtube.com/watch?v=qJskYagyhjE

Fotografi 40: Lækker smashburger med tomat, ost, salat og burgersauce.

7.4. Steakhouseburgeren – når bøffen og grillsmagen skal være i højsædet

Ved steakhouseburgeren ønsker man, at smagen af kød, grill og røg skal være dominerende. Så her er det en god idé at putte mindre fyld i. Derfor er listen med ingredienser meget kort. Det er op til en selv, om man vil lave en stor eller lille burger. Jeg laver oftest den lille, så den er nem at spise med hænderne fremfor med kniv og gaffel – jeg har ikke papir til lige at pakke dem ind med.

INGREDIENSER
Burgerboller – gerne brioche burgerboller for lidt luksus
Smør til at riste burgerbollernes inderside på grillen
Hakket oksekød – helst med 14-20 % fedt
Mayonnaise til underbollen
2-3 skiver af syltede drueagurker (helst ikke agurkesalat)
1-2 tomatskiver
Enten lidt ketchup, sennep eller en god burgerdressing til overbollen

UDFORDRINGER & TRICKS
Hvis man ønsker en lidt tykkere og saftig bøf i burgerne, der ikke trækker sig sammen til en kugle, så skal man som nævnt tidligere mindske udviklingen af myosin. Dette gøres ved ikke at ælte kødet for meget. Hertil kan man bruge en kagering på ca. 9-11 cm i diameter og måle den i forhold til de burgerboller, man har. Lufthullerne, der så opstår, samler fedtet og gør bøffen mere saftig.

TILBEREDNING

Tag oksekødsfars, og fyld det forsigtigt ned i kageringen uden at trykke det for meget sammen. Sørg for, at burgerbøffen har nogenlunde ens tykkelse over det hele. Brug ca. 125-180 g kød pr. bøf. Tag bøffen ud af ringen. Du kan evt. runde kanten lidt af med forsigtige tryk med fingrene.

Man kan med fordel mase dem en lille smule med en burgerpresser (med bagepapir imellem), så der tages højde for, at bøfferne krymper lidt under grilningen. Det er også godt lige at forme dem en time før brug og lægge dem på køl, da kold og/eller fugtigt kød bedre tager røgsmag til sig under røgning/barbecue. Pensl evt. bøfferne med lidt olie, og drys måske lidt krydderi på dem, lige før de lægges på grillen. Olien sikrer, at de slipper bedre og tager mere imod røgsmagen.

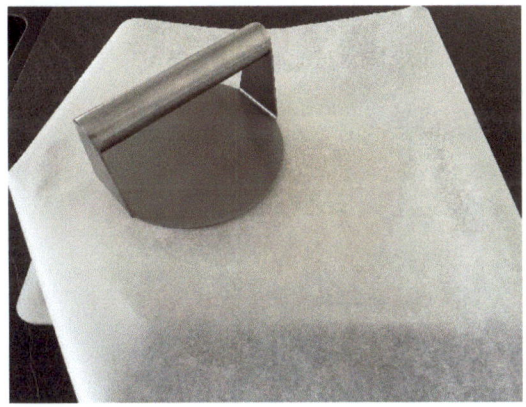 

På en **gasgrill** kan man anvende en røgkasse af metal til stykker af træflis, der er anvendeligt til røgning. Lad denne kasse varme op først, så træflisen begynder at ryge og bøfferne kan få røg helt fra starten af deres grilning. Grill bøfferne over indirekte varme – på min grill har jeg slukket den inderste gasring. Med **kulgrill** kan man nemt opsætte to zoner – en med indirekte varme og en anden med direkte lige over kullene, og så lægge træflis direkte på kullene.

Når du ser rød saft (myoglobin) på overfladen, så er det tid til at vende bøffen med en spatel og <u>ikke</u> med en grilltang! Grill under låg hele tiden.

Skub spatlen ind under bøffen i samme retning som grillristens retning, så slipper bøffen let og problemfrit. Svup den rundt med spatlen, og læg den helst et nyt sted på grillen, så der er helt varmt på grillristen, hvor den lægges.

Læg også bollerne smurt med lidt smør på grillen nu. Jeg har skruet ned på laveste blus og tændt den inderste gasring igen, for ellers er der for meget varme ude ved den yderste gasring, hvor mine burgerboller ligger lige ovenover. Tilpas selv varmen på din egen grill, så det passer – blot husk principperne.

Når bollerne er klar, kan du typisk lægge ost på bøfferne (hvis det ønskes). Luk igen låget. Derved hjælper varmen ovenfra med at smelte osten hurtigere. Det tager ikke lang tid, så hold godt øje med dem.

Byg steakhouseburgeren ved først at påføre mayonnaise på underbollen og lægge 2 skiver syltede agurk ovenpå. Derefter placeres bøffen ovenpå og så tomatskiverne på bøffen. Endelig afsluttes burgeren med topbollen påsmurt ketchup, sennep eller burgerdressing.

Du har nu en saftig burger, der er ganske nem at bide igennem, selvom bøffen er rimelig tyk, og den smutter ikke ud på bagsiden ved første bid. Den smager superlækkert af kød, røg og grill. Laves den uden røgning, mister du lidt lækker aroma. Pandestegning virker også, men den vil igen mangle smagen af grill og røg. På panden kan du i stedet bedre *baste* bøffen for anden aroma.

Steakhouseburgeren er i mine øjne "kongen" af burgere med den lække smag, der tilføjes med grill og røg. Den kræver dog lidt ekstra at forberede og tilberede, mens smashburgerne er den utroligt velsmagende hverdagsburger, der er nem at lave på en hvilken som helst stegepande. Begge stile kan laves som de fleste typer af burgere.

185

Fotografi 41: Lækker steakhouseburger med mayonnaise, syltede agurker, ost, tomat og ketchup.

Tex-Mex

Billede 08: ChatGPT "Generate an image of a Mexican dinner table with enchiladas, tacos and carnitas"

8. Tex-Mex – chili, ost og masser af smovs

Efter jeg startede på Danfoss i 1999, kom jeg som ny IT-medarbejder afsted på nogle IT-kurser i Aarhus, hvor jeg havde mulighed for at gå ud at spise på regning eller diæter. Jeg benyttede chancen for at spise ude med stor glæde. Men min største favorit var en supergod mexicansk restaurant, der lå på Skolegade 27 i Aarhus lige ved siden af musikstedet Fatter Eskild. Her fik jeg smag for ovnbagte *enchiladas* med trævlet okse- og kyllingekød i chilisauce (*shredded beef/chicken*), der blev serveret med mexicanske ris, bønnemos (*refried beans*) og salat. Dermed fik jeg bedre kendskab til det mexicanske køkken og Tex-Mex-køkkenet end fra nachos med salsa.

Som led i mit arbejde på Danfoss var jeg flere gange i USA og en enkelt gang i Mexico. I byen Arkadelphia i staten Arkansas introducerede min amerikanske kollega John mig for retten *chimichanga*[214] på en Tex-Mex-restaurant. Det er en burrito, der først er friturestegt og derefter bagt med chilisauce, så den er serveret som en enchilada. Smagte superlækkert!

I byen Monterrey i det nordlige Mexico tog mine mexicanske Danfoss-kolleger Mario og Cesar min kollega Søren og mig en dag ud for at spise *tacos* til frokost. Det var virkelig gufmad, da de lavede dem som fyldte *tacos*, der var friturestegte. Så lige siden har jeg ved alle besøg i USA sikret, at jeg mindst en aften eller frokost fik *enchiladas* eller *chimichanga* – og også gerne Tacos.

Marts 2017 tog jeg på et kursus i Milford nær New Haven i USA. Der besøgte jeg blandt andet de to gode mexicanske restauranter "Puerto Vallarta"[215] og "Mexico Tipico"[216] – de lavede begge rigtig lækker gufmad med deres *chimichanga*-retter.

---

[214] https://www.youtube.com/watch?v=sTzIkTh580o
[215] https://maps.app.goo.gl/GCxyA3sNJcWEwhGJ8
[216] https://maps.app.goo.gl/KDv51suBnZR4RR7J6

Fotografi 42: "Chimichanga" med bønnemos og ris på restaurant "Puerto Vallarta", Milford, USA.

Da jeg i 2018 deltog i et kursus, skulle jeg tre gange til Aalborg. Der opdagede jeg, at de gode restauranter, jeg kendte i Aarhus, var blevet lukket. Den gode mexicanske var endda blevet til en sushibar – den ultimative hån af et tidligere godt spisested med oksekød og kylling indbagt i tortillas og chilisauce! Jeg prøvede desperat at finde nye steder uden held.

Restauranten "Tortilla Flats" i Vejle lavede faktisk god Tex-Mex-mad, men de brugte desværre hakket oksekød og ikke trævlet oksekød. Derfor tog jeg en beslutning, som har drevet mig lige siden: "Nu er det nok! Hvor svært kan det være? – så lærer jeg katteme bare selv at lave det!". Så med "kan selv"-attituden, som kendes fra Pippi Langstrømpe, tog jeg hendes "Det har jeg ikke prøvet før, så det kan jeg sikkert godt!"-motto til mig.

Fotografi 43: *Chimichanga* med trævlet oksekød, *enchilada* med trævlet kylling og mexicanske ris på restaurant "Tortilla Flats" i Horsens. Lækkert!

Mit første sted for inspiration, som ikke krævede specielle friske eller tørrede chilier og friske *tomatillos*[217] (en tomatlignende grøn og syrlig grøntsag, som er vigtig for grøn salsa og grøn enchiladasauce), var en YouTube-video fra 12 Tomatos[218] og deres webside[219]. Deres opskrift er en ret simpel, men en god nok, opskrift at starte op med for at lave enchiladas. Siden har jeg set en masse andre videoer på bl.a. YouTube og har anskaffet mig nogle gode kogebøger.

Et af problemerne med at lave Tex-Mex-retter er, at mange ingredienser kan vi ikke nemt få fat i og skal importere dem, hvis dette overhovedet er muligt. Heldigvis har jeg en kammerat Carsten, som bor i USA, der på sine besøg i "hjemlandet" har kunnet medtage specialiteter, som jeg manglede, eller han har kunnet sende dem med posten. Derudover har jeg selv taget noget med hjem på mine ture til USA. Der findes flere online-butikker her i Danmark, som importerer mange af de ting, som du kunne få brug for ved mere originale opskrifter. Her i bogen holder jeg mig til, hvad man rimelig nemt lige kan få fat i, samtidigt med at man stadig bibeholder den originale Tex-Mex-smag med en opskrift, som er tæt nok på de retter, man møder på restauranterne.

Noget, der kan være forvirrende, er, at chilier får givet forskellige navne, afhængigt af om de er grønne, om de er modnet mere, så de er røde, om de er tørret, eller om de er tørret og røget. En *jalapeño* er grøn, men tørret og røget kaldes den for en *chipotle*. En *poblano* er grøn, men tørret kaldes den *ancho*. Og *guajillo* er en tørret *mirasol*. I Danmark er det nemmest at skaffe pulver med *jalapeño*, *chipotle*, *ancho*, *New Mexico red chili* (kaldes også *Hatch*-chili) samt cayennepeber. Som frisk chili ser vi typisk milde *pimento*-chilier fra Spanien, stærke *bird's eye*-chilier fra Thailand, *fireflame*-chilier fra EU-lande, *jalapeño*-chilier samt den meget stærke *habanero*-chili.

---

[217] https://www.havenyt.dk/artikler/koekkenhaven/groensager/tomat/171.html

[218] https://www.youtube.com/watch?v=4vlf2ziVz1M

[219] https://12tomatoes.com/tex-mex-restaurant-enchiladas/

De tre bedste bøger, som jeg kan anbefale om det mexicanske køkken og Tex-Tex-køkkenet, ses på billedet herunder:

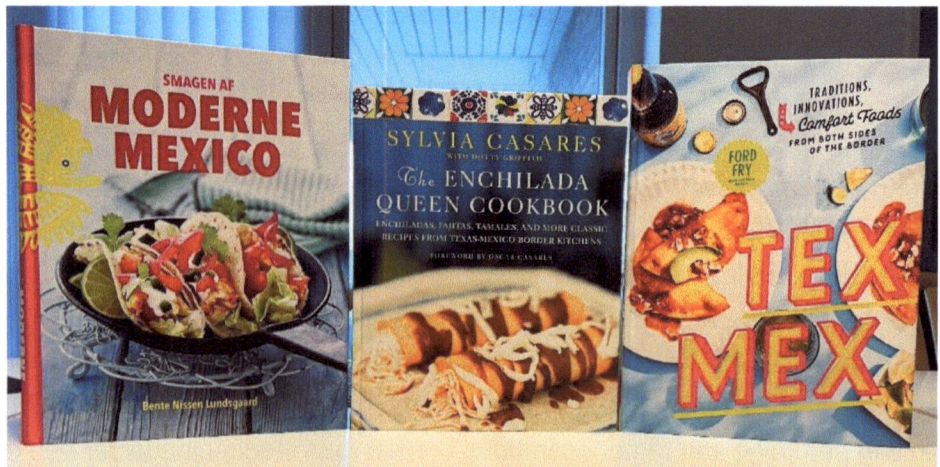

Fotografi 44: Gode bøger om mexicansk og Tex-Mex-mad.

"Smagen af moderne Mexico"[220] er en god start på dansk. Bogen " Tex-Mex Cookbook"[221] giver et rigtig godt indblik i Tex-Mex-køkkenet og historien bag. For at dykke helt ned i enchilada-nørderiet kan man kigge på bogen "The Enchilada Queen Cookbook"[222]. Jeg har igen lavet en YouTube-playliste[223], som du kan bruge som inspiration. Søg blot efter "Gufmad2 – Tex-Mex".

---

[220] Lundsgaard, Bente Nissen (2014), *Smagen af moderne Mexico*, Forlaget Lundsgaard, DK.

[221] Fry, Ford & Jessica Dupuy (2019, *Tex-Mex Cookbook - traditions, innovations, and comfort foods from both sides of the border*, Clarkson Potter, USA.

[222] Casares, Sylvia & Dotty Griffith (2016), *The Enchilada Queen Cookbook - Enchiladas, Fajitas, Tamales, and More Classic Recipes from Texas-Mexico Border Kitchens*, St. Martin's Press, USA.

[223] https://www.youtube.com/playlist?list=PLbIY2LRmJZ9eoMtFrpHGt5pdZ4XsODNYF

8.1. Ingrediens – mexicanske ris, ris der faktisk smager af noget!

INGREDIENSER
3 spiseske olie (majs, vindruekerne, solsikke, ...)
2 dl langkornede ris (fx basmatiris)
½ teske stødt spidskommen (gerne mexicansk)
½-1 teske hvidløgspulver
1 teske chilipulver
1 mellemstort løg skåret i små tern
½-1 peberfrugt skåret i små tern
1 dl tomatsauce (passata)
2-3 spiseske koncentreret tomatpuré
4 dl kyllingebouillon (blot dobbelt mængde af riskorn)
½ teske tørret oregano (gerne mexicansk)
Salt og peber
Lidt lime- eller citronsaft

UDFORDRINGER & TRICKS
Stegning af risene inden kogning skaber en Maillard-reaktion, som giver mere umami-smag. Løg, som steges, giver umami og kokumi samt en sødme til retten sammen med peberfrugterne.

TILBEREDNING
Steg risen i olien, til de vokser lidt og bliver let gyldne.
Tilføj spidskommen, hvidløgspulver, chilipulver og løgtern samt peberfrugttern.
Steg videre, indtil løg-ternene bliver klare.
Tilføj tomatsauce, tomatpuré, bouillon og oregano.
Rør rundt, og lad det simre i ca. 20 min.
Løsn ris med en gaffel, smag til med salt, og lad dem trække under låg i 10-20 min.
Hæld lidt limesaft over, og server til f.eks. mexicanske retter som *enchiladas*.

Fotografi 45: Mexicanske ris – meget mere interessante end kedelige kogte hvide ris.

8.2. Ingrediens – rød enchiladasauce, lige til at smovse mad ind i...

INGREDIENSER[224]

5-7 teske *guajillo*[225], *ancho*[226] eller New Mexico[227]-chilipulver (til smagen sammen med krydderier) - alternativt ½-1 spiseske almindeligt chilipulver

½ teske *chili de arbol*-pulver, cayennepeber eller *jalapeño*-chilipulver (til at gøre saucen stærk)

1 teske stødt spidskommen (gerne mexicansk)

¼ teske tørret oregano (gerne mexicansk)

½ teske hvidløgspulver

¼ teske salt

1 knivspids kanel

2 store spiseske hvedemel

2 spiseske olie (majs, vindruekerne, solsikke, ...)

2 spiseske koncentreret tomatpuré

4 dl kyllingebouillon

1 spiseske æblecidereddike eller almindelig hvid eddike

Ekstra kyllingefond eller -bouillon (til at tilføje ekstra smag og salt efter kogning)

UDFORDRINGER & TRICKS

Fremfor at være udfordret med at skulle brune en roux, for at melet frigiver nødde- eller brødagtige smagsnuancer til saucen, så rister vi i stedet melet først. Derefter er det nemt blot at stege melet hurtigt i olien sammen med krydderierne. Det er også vigtigt kun at tilføje kyllingebouillonen lidt ad gangen og piske klumperne ud med et stort piskeris, inden der er for meget væske.

---

[224] https://cookieandkate.com/enchilada-sauce-recipe/

[225] https://www.tacokongen.dk/products/chili-guajillo-krydderi

[226] https://www.bilkatogo.dk/produkt/santa-maria-chilipeber-ancho/63879/

[227] https://www.bilkatogo.dk/produkt/santa-maria-chilipeber/63918/

Salt: bouillon, salt

Sødt: koncentreret tomatpuré, hvedemel, kanel, hvidløgspulver, oregano

Syre: æblecidereddike

Bittert: (chili)

Umami: bouillon

Fedt: olie

Kokumi: hvidløgspulver

TILBEREDNING

Enchiladasaucen vil blive lavet hurtigt, så afmål først krydderierne op i en skål, og hav blandingen klar ved komfuret (chilipulver, spidskommen, oregano, hvidløgspulver, salt og kanel). Hav også tomatpuré og bouillon klar.

I en tom gryde eller pande puttes to store spiseske mel. Varm nu melet, og lad det tørstege, til det bliver let gyldent.

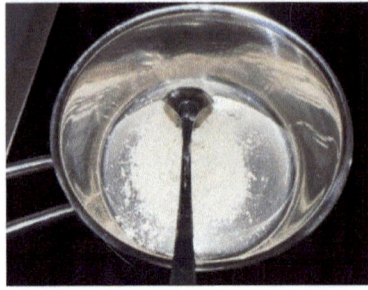  

I en medium gryde opvarmes olien, indtil den er varm nok – drys evt. lidt mel i for at se, om det bobler omkring det, for så er olien klar. Når olien er varm, hældes mel i under kraftig omrøring. Brun melet i ca. et minut.

Sænk temperaturen, tilføj krydderierne, og steg, indtil krydderierne er brændt af (mørknes let) og frigiver deres aroma (efter ca. et minut). Pisk tomatpuré ind, så den også brændes af.

Derefter tilsættes bouillon lidt ad gangen under kraftig piskning for løbende at nedbryde klumper i saucen. Det er meget nemmere at gøre, mens det er en relativt tyk sauce.

Bring saucen let i kog med hyppig omrøring/piskning i 5-7 minutter, så den samles og bliver jævnet af melet. Smag til med fond/bouillon samt salt og peber. Rør æblecidereddiken ind i saucen.

Fotografi 46: Den mexicanske restaurant "Puerto Vallarta" i Millford, USA.

Fotografi 47: Rød enchiladasauce (med *guajillo*-chili).

8.3. Ingrediens – frijoles refritos/refried beans, lækker Tex-Mex bønnemos!

I USA får man stort set altid bønnemos (*refried beans/frijoles refritos*) serveret til enchiladas, men vi ser det sjældent herhjemme. Det er lidt et tilbehør, som nok ikke alle i Danmark værdsætter, men jeg synes, bønnerne er utroligt smagfulde og har en lækker konsistens, der går godt til *enchiladas* eller bare som snack sammen med nachochips i stedet for salsa som dyppelse.

INGREDIENSER
2 dl tørrede pintobønner eller sorte bønner
4 dl kyllingebouillon
2 dl vand
1 lille løg skåret i kvarte
2 fed hvidløg (eller 1-2 teske hvidløgspulver)
½-1 teske chilipulver
1 teske paprika
½ teske stødt spidskommen (gerne mexicansk)
½ teske løgpulver
½ teske hvidløgspulver
1 spiseske æblecidereddike (eller almindelig hvid eddike)
Fond eller bouillon- pulver/koncentrat (tilføjer den manglende smag og salt efter kogning)
Lime-/citronsaft og salt ved tilsmagning

UDFORDRINGER & TRICKS
Bønnerne tager lang tid at koge, for at de bliver møre, men ved at bruge en trykkoger kan man få tiden ned fra 2½-3 timer til ca. 50 minutter. Der er mange tricks om at lægge dem i blød i koldt vand natten over, for at de skal koges i kortere tid eller giver mindre luft i maven, men denne opskrift med brug af trykkoger virker fint for mig.

TILBEREDNING

Rens evt. bønnerne ved at skylle dem i koldt vand i en si. Fjern ødelagte bønner og evt. sten/grus, som kan være der. Dette råd er mest fra en tid, hvor man selv høstede bønnerne eller fik dem fra en bonde i nærheden. De poser med bønner, jeg har købt i Danmark, har aldrig haft problemer.

Put bønnerne i trykkoger eller gryde.

Tilføj bouillon, vand, løg, fed hvidløg, chilipulver, paprika, spidskommen, løgpulver, hvidløgspulver og æblecidereddike.

Luk låget, og kog under højt tryk i 50-60 minutter i en trykkoger eller 2½-3 timer i en gryde ved lavt blus. Bruges bønner på dåse, så skal de blot koges i 10-20 minutter i en gryde.

Frigiv trykket langsomt, som anbefalet på trykkoger, fjern låget.

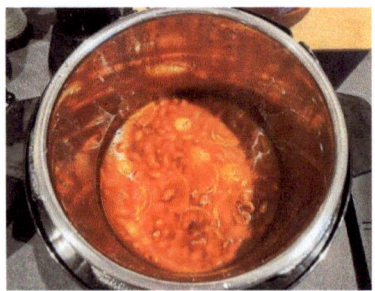

Si bønnerne over en skål, men gem væsken! Fjern hvidløg og løgstykkerne med en ske.

Varm lidt olie på en pande. Tilføj bønnerne, og lad dem stege i kort tid.

Mos/blend bønnerne (groft eller fint) i panden, og tilsæt omkring ½ dl af væsken ad gangen, indtil konsistensen er som ønsket (fast eller løs). Tilføj evt. lidt ekstra fond med vand eller bouillon i stedet for væsken fra bønnernes kogning for at give mere salt til bønnerne fremfor chilistyrke.

Smag til med salt, limesaft/citronsaft og ekstra chili eller cayennepeber.

Bønnemos kan fryses – tilsæt evt. lidt vand eller olie, hvis den føles for udtørret efter optøning.

Fotografi 48: Bønnemos også kendt som *Frijoles Refritos* eller *Refried Beans* – smovs, der smager.

8.4. Ingrediens – trævlet kylling, giver et interessant bid i tortilla-rullen

De fleste kender pulled pork, men *shredded chicken* og *shredded beef* bruges ofte i mexicanske og Tex-Mex-retter. Kylling kaldes *pollo* på spansk, og når det trækkes fra hinanden med to gafler til trævlet kød, så kaldes det *pollo deshebrada*. Man kan lave samme nummer med oksekød, f.eks. oksebov eller gullaschkød, så man får *carne deshebrada*. Begge typer trævlet kød kan med fordel bruges til *enchiladas*, *burritos* og *tacos*.

INGREDIENSER
Ca. 500 g kyllingebryst
1½ teske salt
1 stort løg, pillet og skåret i kvarte
1½ teske hvidløgspulver eller 2 fed hvidløg
Ca. 5-6 peberkorn

UDFORDRINGER & TRICKS
Ved at lave trævlet kylling får man mulighed for at mikse
kød med løg og andet fyld, som kan give smag og samtidigt
beholder det interessante bid, der adskiller det fra hakket kød.

TILBEREDNING
Kom kyllingebryst i en gryde, og dæk det med koldt vand.
Tilsæt salt, løg i kvarte, hvidløgspulver og peberkorn.
Kog op, og lad det småkoge i ca. 20 minutter.
Lad kødet trække ca. 10 minutter i kogevandet.
Tag kyllingestykkerne op, og træk kødet fra hinanden med
to gafler.

Fotografi 49: Trævlet kylling også kendt som *shredded chicken, pulled chicken* eller *pollo deshebrada.*

8.5. Enchiladas med kylling, mexicanske ris og bønnemos – smovs når det er bedst!

Enchilada betyder i princippet, at noget er "i chili", men normalt menes der en tortilla med fyld. Det kan være små eller store pakker, som er fyldt med kød, ost eller grøntsager. I Tex-Mex-køkkenet bages retten typisk i ovnen med ost, men det gør den ofte ikke i det mexicanske køkken.

INGREDIENSER (4 personer)
8 majs-tortillas i mellem størrelse (eller af hvede)
Olie (majs, vindruekerne, solsikke, ...)
500 g trævlet kylling
Rød enchiladasauce
Bønnemos (*refried beans*)
Mexicanske ris
2-3 kugler frisk mozzarellaost (eller revet ost – typisk gul/orange cheddar)
1 hakket salatløg i fine tern
Creme fraiche og *guacamole* (evt. en avocado med en spiseske creme fraiche og guacamolemix)

UDFORDRINGER & TRICKS
Majstortillas knækker nemt, hvis de ikke først varmebehandles. Ved at pensle eller spraye lidt olie på og give dem en kort tur i enten mikrobølgeovnen eller den almindelige varmluftovn, så bliver de bløde nok til rulning og beskyttes samtidigt mod at absorbere enchiladasaucen for meget under bagningen, hvor de ellers let bliver for smattede (*soggy*).

Salt: ost, mexicanske ris
Sødt: kylling, tortillas, enchiladasauce, mexicanske ris
Syre: enchiladasauce
Bittert: enchiladasauce, salatløg
Umami: kylling, mexicanske ris, enchiladasauce
Fedt: bønnemos, enchiladasauce, ost

TILBEREDNING

Pensl tortillas med lidt olie på begge sider. Giv dem 20 sekunder i en mikrobølgeovn, eller læg dem ca. 1 minut i ovnen ved 200°.

Miks ca. 2-3 spiseske af enchiladasaucen i skålen med den trævlede kylling.

Læg kød i en bane/linje lidt til den ene side af tortillaen, tilføj mozzarellaost og løg. Rul tortillaerne rimelig stramt, så de er faste (fold først bund, derefter siderne, og rul så fra bunden af).

Placer 1-2 på hver sin ovnfaste tallerken – alternativt smør en kop enchiladasauce ud over bunden af en bradepande, og læg de 6 rullede tortillaer i bradepanden. Tilføj mexicanske ris og bønnemos.

Hæld resten af enchiladasaucen ud over dine tortillas, så de er helt dækket med sauce. Læg eller drys rigeligt ost henover enchiladaerne på hver tallerken eller i bradepanden.

Bag enchiladaerne i ovnen med varmluft ved 200° ca. 10-15 minutter, indtil osten er smeltet og gylden. Server med et drys salatløg i fine tern, creme fraiche, *guacamole* og evt. salsa eller chilisauce. Så er du klar til at smovse i gufmad!

Fotografi 50: Hjemmelavede *enchiladas* med kylling, bønnemos og mexicanske ris – Tex-Mex gufmad!

Afslutning

Billede 09: ChatGPT "Generate a photorealistic image capturing the enchanting ambiance of a city center, featuring a variety of restaurants and a big "Gufmad" sign"

6. Afslutning

Jeg håber, at du synes, denne gennemgang af gufmad-favoritter fra Italien og Amerika har været inspirerende og underholdende. Du skulle gerne have fået mod på at lave de fleste retter og selvtilliden til at gøre det, så spørgsmålet er blot, om du også har motivationen til at gøre det.

Det har naturligvis kun været at dyppe smagsløgene lidt i det store madunivers, som findes i begge geografiske områder, så der er masser mere lækkert at opdage og afprøve.

I Italien er der mange yderligere pastaretter og pizzastile at gå på opdagelse i, og du har fundamentet til at kunne gøre det fra denne bog. Dertil kommer de italienske risretter og diverse andre retter, man kan gå i krig med. Bare det at anskaffe sig en pizzaovn gør det endnu sjovere at lave pizza i hjemmet, for så er man ikke begrænset af sin almindelige ovn. Jeg håber, du får muligheden for at tage på pasta- og pizzatur i Italien og kan besøge nogle af restauranterne omtalt i denne bog. Og indtil da kan du starte med at afprøve de mange gode danske steder, der laver ordentlig italiensk pizza uden tørre kanter, Jaka-bov og gummiost.

I det amerikanske køkken er der masser af andet barbecue at afprøve. Jeg har i bogen bevidst holdt mig til en simpel kuglegrill, for her kan vi alle være med, men for barbecueentusiasten kunne næste trin være at anskaffe sig en pillegrill, så barbecue bliver nemmere at lave og mindre tidskrævende – det er faktisk lidt bøvlet at styre temperaturen i en kuglegrill, når man hele tiden skal have låget af for at tilføje træflis til røgning. Med bedre udstyr/teknologi som f.eks. en pillegrill kan man lave barbecue lige så nemt, som man med sous vide kan tilberede bøffer. Der er også masser af forskellige typer af burgere at afprøve, blot se de mange videoer i min playliste eller de anbefalede bøger for inspiration. Og Tex-Mex-køkkenet starter kun med *enchiladas*, der er masser af andre lækre retter som f.eks. ægte *tacos* (uden de hårde skaller, som supermarkederne spiser os af med) af frisk dej med alt muligt spændende fyld: *taco al pastor, taco barria, taco carne asada, taco barbacoa* og *carnitas*.

God appetit!